U0643255

探索与实践

生长教育课程

杨玉生 石凌霞——主编

山东城市出版传媒集团·济南出版社

图书在版编目（CIP）数据

生长教育课程探索与实践 / 杨玉生，石凌霞主编. -- 济南：
济南出版社, 2022.10
ISBN 978-7-5488-5344-2

Ⅰ.①生… Ⅱ.①杨… ②石… Ⅲ.①学前教育—教育研究
Ⅳ.①G610

中国版本图书馆CIP数据核字（2022）第216578号

出 版 人　田俊林
责任编辑　宋　涛　孙　愿
装帧设计　刘　畅
出版发行　济南出版社
地　　址　山东省济南市二环南路1号(250002)
印　　刷　济南万方盛景印刷有限公司
版　　次　2022年10月第1版
印　　次　2022年10月第1次印刷
成品尺寸　170mm×240mm　16开
印　　张　14
字　　数　281千
定　　价　79.00元

（济南版图书，如有印装错误，请与出版社联系调换。联系电话：0531-86131736）

前　言

　　本书涵盖生长教育三大篇章，一系列激发兴趣、富于探索、体验感知、分享合作的活动由此展开。

　　一是自主游戏篇。因地制宜，围绕体育活动、户外自主游戏、传统游戏、室内区域活动、生活环节游戏等，进行游戏探索，汲取传统游戏之精华，让幼儿在游戏中强健体魄、启迪心智，提高生长的能力和本领。

　　二是亲近自然篇。我园有30多种动物的饲养区、200多棵果树及观赏树木的生态植物园、2000多平方米的开心小农场，具有得天独厚的有利资源和自然条件。在与动植物、大自然的亲密接触中，引领幼儿感受生命的意义和奥妙。该篇包括亲近植物、亲近动物、亲近自然三个板块。

　　三是文化滋养篇。引导幼儿接受优秀经典文化的熏染，积淀生长的营养和内涵。该篇包括传统节日、经典文学、精美艺术三个板块。

　　本书立足理论与实践结合，每例课程用图文并茂的形式，一目了然，易于广大幼教工作者借鉴学习。

　　这是一本放飞天性的书，一本亲近自然的书，一本体验文化、收获快乐的书，践行着生长教育为幼儿幸福一生奠基的理念。让我们快乐起航，向着幸福的彼岸出发吧！

目　录

自主游戏 篇

小班

适时改变游戏规则　让游戏更具活力

刘云　刘树红　邵佳丽

一、主题活动设计意图

　　户外体育游戏是幼儿日常活动的重要环节，是增强幼儿体质，培养幼儿走、跑、钻、爬等运动技能的有效活动。《幼儿园教育指导纲要（试行）》（以下简称《纲要》）中指出："教师应成为幼儿学习活动的支持者、合作者、引导者。"因此，在游戏中结合我园的生长教育课程，开展灵活多样的户外体育活动，既可以提高体育活动的趣味性和自主性，又可以激发幼儿的游戏兴趣，让幼儿体验游戏的快乐。

二、主题活动网络图

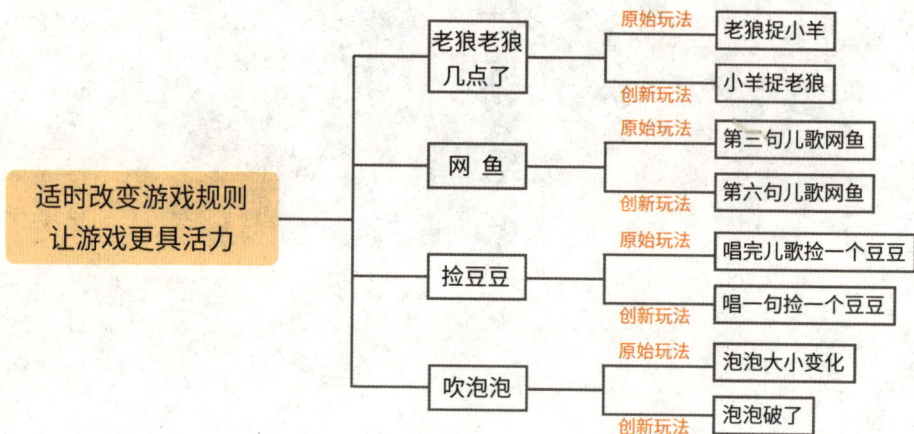

```
                              原始玩法  老狼捉小羊
                    老狼老狼
                    几点了
                              创新玩法  小羊捉老狼

                              原始玩法  第三句儿歌网鱼
                    网　鱼
                              创新玩法  第六句儿歌网鱼
适时改变游戏规则
让游戏更具活力
                              原始玩法  唱完儿歌捡一个豆豆
                    捡豆豆
                              创新玩法  唱一句捡一个豆豆

                              原始玩法  泡泡大小变化
                    吹泡泡
                              创新玩法  泡泡破了
```

三、主题活动总目标

　　1. 愿意并积极地参与体育活动，感受运动带来的愉悦。

　　2. 初步掌握体育活动的规则及要求，不做危险动作。

　　3. 初步掌握最基本的运动动作，逐步提高动作的灵敏性、协调性。

　　4. 培养活泼开朗的性格，勇敢、顽强、不怕困难的精神，以及团结友爱、遵守纪律等优良品德。

四、主题活动准备

　　1.场地准备：事先选择开阔的游戏场地，检查场地的安全性。
　　2.材料准备：准备好游戏所用的器械和头饰等。
　　3.知识经验准备：提前学习游戏中的儿歌。

五、主题活动实施过程

活动一　老狼老狼几点了

　　户外活动时，我和孩子们一起玩"老狼老狼几点了"游戏。游戏开始前，我讲解了游戏规则，指着对面的一堵墙说："那里就是小羊的家，当听到'天黑了'的时候，小羊就赶快跑回家里，否则就会被老狼捉到吃掉。"

　　游戏开始了，我当"老狼"，孩子们当"小羊"。"小羊们"跟在"老狼"的后面问几点了，当"老狼"喊"天黑了"时，"老狼"便张开大口，伸出双臂去捉"小羊"。"小羊们"都往"家"跑，有两三只跑得慢的"小羊"被我捉住。我把他们搂在怀里，张开大嘴做吃状。他们不但不着急逃脱，反而在我怀里咯咯大笑。我假装吃掉他们，又让他们回到队伍里继续参与游戏，游戏重新开始。

　　第二次游戏，当我喊"天黑了"时，大部分"小羊"往"家"跑，可有两三只"小羊"故意跑得很慢，让我捉住吃掉。当时也没有多想，就做出吃的样子假装把他们吃掉，让他们返回队伍参与游戏，游戏继续进行。

　　第三次游戏，当我喊"天黑了"时，让我没想到的是，好多只"小羊"不再往"家"的方向跑，而是故意往我怀里钻。我有些招架不住，就使劲地吃"小羊"，他们一个个乐得哈哈大笑，一点儿也不害怕"大灰狼"，游戏无法继续进行下去。

"小羊"在"家"里

游戏开始

捉到一只"小羊"

"小羊"往"家"跑

活动反思

　　游戏是幼儿最为喜爱的活动，幼儿在游戏中能够获得快乐，发展各方面的能力。在"老狼老狼几点了"这个传统游戏中，老狼和小羊是小班孩子最为熟悉、喜欢的小动物，因此孩子们喜欢反复玩这个游戏。

　　此游戏的主要目标是通过游戏发展孩子向指定方向奔跑的能力。可是游戏在玩到第三遍的时候，孩子们不但不跑了，反而往我怀里钻，致使游戏无法进行下去，活动目标也无从实现。

活动二　网鱼

　　户外活动时间到了，我带孩子们来到草坪上玩"网鱼"游戏。我和纯彤搭起渔网，小朋友们排起一列纵队，一个个从渔网下快速通过。当我唱"三网打着大鲤鱼"这句儿歌的时候，很多小朋友已经快速通过渔网，成功躲避渔网的捕捞。可是豪豪和梓文总是故意放慢速度，有时趁机停在渔网里，故意让渔网捕到；捕到后不但不挣脱，还

从"网"下钻过的"小鱼"

被网住的"小鱼"

在网里哈哈大笑,开心得不得了。每次数完几条"小鱼"后,我就又把他们放走,让他们继续参加下面的游戏。游戏反复进行了几遍,每次都有故意被捕到的"小鱼"。

活动反思

"网鱼"游戏主要是发展幼儿依次钻行的能力,可是在游戏中幼儿们热衷于被"渔网"网住,钻行的能力得不到很好的发展。

为了进一步锻炼幼儿依次钻行的能力,我即兴创编儿歌:"一网不打鱼呀,打上来的是水草呀;二网晒晒网呀,晒干渔网再打鱼呀;三网来打鱼呀,打上一个大鲤鱼呀。"经过我这样的改编,孩子们钻得更起劲了,也达到了游戏的目的。

活动三 捡豆豆

"捡豆豆"游戏的传统玩法是大家边拍手边念儿歌:"红豆豆,绿豆豆,捡进我的篮里头,伯伯种豆不容易,一粒豆豆也不丢。"教师随儿歌和拍手的节奏在圈内按逆时针方向走,当儿歌念到"丢"的时候摸一下幼儿的头,被摸到头的幼儿马上站起来跟在教师后边随儿歌和拍手的节奏走,如此反复进行,直至所有的"豆豆"被捡完。

老师扮捡"豆豆"人

捡到的"小豆豆"跟在老师后面

活动反思

通过观察发现,游戏中坐在圆圈上的幼儿等待的时间太长,小班幼儿的注意力就容易分散,幼儿就会对游戏失去兴趣。于是我及时改变游戏规则,说一句儿歌摸一个小朋友的头,同时我还加快了儿歌的节奏,由拍手走着捡"豆豆"改为跑着捡"豆豆",

大大减少了幼儿等待的时间，提高了幼儿的参与度，激发了幼儿参与游戏的兴趣。

活动四　吹泡泡

　　"吹泡泡"游戏的玩法是大家手拉手念儿歌并根据儿歌内容做相应动作：念"吹泡泡，吹泡泡"时，幼儿手拉手边踏步边按顺时针方向走；念"一吹吹个小泡泡"时，幼儿向圆心走；念"一吹吹个大泡泡"时，幼儿向后退，拉手变成一个大泡泡；念"泡泡飞高了"时，幼儿双手举起，踮起双脚；念"泡泡飞低了"时，幼儿蹲下；念"泡泡破了"时，幼儿随意倒地。

吹出一个"小泡泡"

吹出一个"大泡泡"

"泡泡"破了

"红泡泡"破了，"绿泡泡"破了

活动反思

　　游戏中，幼儿对"泡泡破了"这一环节特别感兴趣，倒在地上哈哈大笑。于是我及时地调整了游戏内容，增加了老师和孩子亲近的机会。当念到"泡泡破了"时，我就一个个摸他们一下头，不停地说"红泡泡破了，绿泡泡破了，蓝泡泡破了……"，他们则躺在地上等着我去摸头，高兴得不得了，这样便增进了老师和孩子之间的感情。

六、主题活动总反思

（一）加大游戏惩罚的力度。

游戏规则是老狼捉住小羊假装吃掉，游戏接着进行。游戏时，被捉的"小羊"会被老师搂在怀里假装吃掉，幼儿反而能去和老师亲近，其他孩子看到了很是羡慕，于是就有了"小羊不怕老狼，故意往老狼怀里钻"那一幕。如果加大游戏惩罚的力度，被捉住的"小羊"不是被"老狼"吃掉，而是放在"老狼"家里，不能参与下一轮的游戏，只能做一个旁观者，那么幼儿为了参与游戏，则会认真遵守游戏规则。

我们组织游戏，目的不是惩罚，而是让孩子们能积极地参与游戏，获得快乐的体验，各方面能力得到均衡的发展。于是，我在游戏中尝试改变游戏的规则，让游戏变得更加有趣。

（二）适时改变游戏规则。

游戏的主要目的是发展孩子的奔跑能力。"老狼老狼几点了"游戏中，天黑了，"小羊们"不往家里跑，而是往"老狼"怀里钻，致使孩子们的奔跑能力得不到发展，达不到游戏的目的。

游戏中教师可以根据孩子们的表现，适时地改变游戏规则。比如在游戏时可改规则为"老狼跑，小羊追"，这样同样可以锻炼孩子的奔跑能力。为了增加游戏的趣味性，"老狼"可假装害怕地说："小羊太多了，我害怕了。"然后抱着头往自己家里跑，"小羊们"就使劲追。"老狼"逃回家，"小羊"胜利了。在这样的游戏情境中孩子们会体验到胜利的喜悦，同时也能明白"人多力量大"的道理——只要团结起来，软弱的小羊也能够战胜凶恶的老狼。这样既达到了游戏的目标，也发展了孩子们的奔跑能力。

（三）增加老师和孩子亲近的机会。

在"老狼老狼几点了"和"网鱼"游戏中，孩子们不遵守游戏规则，故意往老师怀里钻或留在渔网里，有一个主要原因就是想得到老师的关爱，和老师亲近。因此，我们要时时提醒自己去亲近每一个孩子，一个微笑、一个动作、一个眼神，就能使孩子的心理得到满足。于是在"吹泡泡"游戏中我及时调整游戏内容，当"泡泡破了"的时候，及时地摸一下孩子的头，满足了孩子们的愿望，增进了老师和孩子之间的感情。

在和孩子们玩游戏时，我们受到很大的启发：教师在组织游戏时，既要遵循游戏的传统玩法，又应根据孩子们的特点和兴趣爱好，适时地创新游戏玩法，让游戏与时俱进，让游戏更贴近孩子的发展水平。这样才能保持孩子对游戏的新鲜度，才能更好地促进孩子的健康发展。

中班

基于规则之下的自由

——张嘉宸幼儿园生活记

李艳　王玲霞

一、主题活动设计意图

　　张嘉宸是千百个孩子中普通的一个，他可爱、活泼、敏感、思维灵活，但他也会闹出一些小小的幺蛾子：集体活动中兴奋得不能自已，扰乱秩序；看着别人的东西好，就去摸一摸，然后假装不小心弄坏；外出活动，为了争抢队伍的第一名，在换运动鞋的时候特别麻利，有时候明明是他晚了一秒钟，排头被别的孩子占上了，可他依然理直气壮地排在人家前面，并且底气十足地告状；他觉得自己委屈时，眼泪不用酝酿就能立刻"吧嗒吧嗒"地掉下来，如果对他说一句暖心的话，他就"梨花带雨"地抱抱你，笑着走了。用"一会儿日出一会儿雨"形容张嘉宸一点没有错，因着他的这些表现，我对

张嘉宸

他有点特别关注，而他对我也特别在意，时常关注着我的一举一动。吃完香蕉，他目光流转之间看到了我，我冲着他笑了一下，他的爱就像从心里立刻滋生出来，溢到嘴里然后自然地吐出来："老师，我爱你！"听到他的话，看着他的样子，我整个身心也柔软起来。他的故事在我这里有很多，下面随我一起走进他的世界吧。

二、主题活动网络图

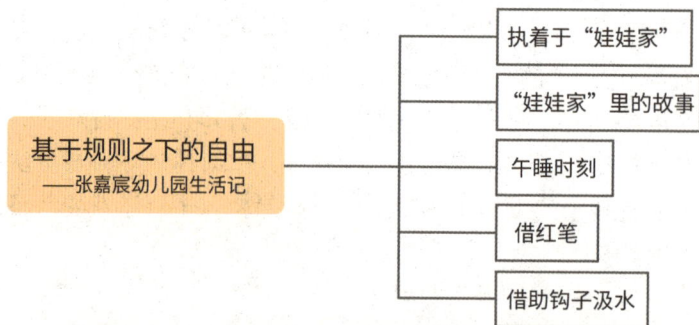

基于规则之下的自由
——张嘉宸幼儿园生活记

- 执着于"娃娃家"
- "娃娃家"里的故事
- 午睡时刻
- 借红笔
- 借助钩子汲水

三、主题活动总目标

1. 在活动中和幼儿一起商量并制订游戏规则。
2. 帮助幼儿建立遵守规则的意识。
3. 在各项活动中，强化幼儿遵守规则的意识。

四、主题活动准备

室内、室外设有各种区域活动场地，材料准备充分，孩子有一定的区域游戏经验。

五、主题活动实施过程

活动一 执着于"娃娃家"

当注意到张嘉宸每次都是选择生活区的时候，我忍不住问他："咱们有那么多区，你怎么每次都选择这里呢？"他说："我要去给娃娃做饭。"他每次都是这种选择，天天如此。

当我奇怪他每次都选择生活区后，也有过提议，比如建议他去美工区，那里新添了喷画工具。他虽然痛快地回答"行"，但是当音乐响起时他依旧去生活区，之前的对话早就被他抛到九霄云外了。看来生活区的魔力让他不能自拔，我也由此觉得，张嘉宸还单纯幼稚得像小班的小宝宝哟！

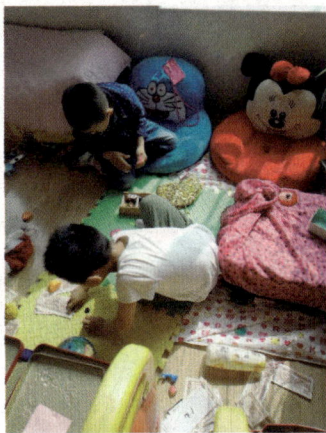

张嘉宸在生活区玩

活动反思

张嘉宸像小班的小宝宝一样，喜欢柔软的东西，喜欢形象的东西，喜欢做重复的事情，喜欢将情感注入游戏里。

当我们发现张嘉宸每次都不整理玩具的时候，大概是两周以后的事了。这么久才发现，是因为小帅、宸汐、晟轩等几个孩子在整理完自己所玩的区域后又帮其他小朋友整理，并且他们以此为荣，乐此不疲。出于好奇，我决定把这件事纳入重点观察事项。

活动二 "娃娃家"里的故事

今天早晨的区域活动时间，张嘉宸从生活区里拿了瓶子等物品再回到他的小沙发上。今天的玩伴是子期，两人玩得很起劲，一直在鼓捣瓶瓶罐罐，没有发生啥冲突，也没有兴奋地大声叫嚷。当整理玩具环节结束后，我再回来看他玩过的地方，我生气了——一片狼藉，尤其是他和子期玩的小沙发那一块区域可以说惨不忍睹。再仔细看，五子棋和小米撒了一地，我气得火冒三丈，当即做出惩罚：下次区域活动时间，张嘉宸和子期只能在休闲区坐着，不能自主选择区域。

用行动来发泄情绪

第二天区域活动时，他俩倒是记性很好，自行去了休闲区。张嘉宸很机灵，让子期去生活区把小米和瓶子拿到了休闲区，又开心地玩起来了。活动结束，小米和瓶子依旧散落一地，我看到后又生气了，耐心地对张嘉宸说："老师爱你，但是你不遵守规则，没有收拾好你玩的东西，所以才惩罚你。"

活动反思

我个人在孩子的教育中坚持了这种做法：既坚持自己的原则，让孩子明白他的无理要求是不对的，事态不会因为他的哭闹发生任何改变；同时，又给予孩子"我不同意你这样做，但我仍然爱你，关心你，不会弃你而去"的安全感。

活动三 午睡时刻

张嘉宸午睡时早醒了，睁着眼睛在想事情，很长时间一动不动。我很奇怪：这不是他的风格啊，平时早醒了没这么安静。我于是问他："在想什么？"他说："我在想不能抱小朋友的腿。"原来上午他因为抱小朋友的两条腿，害得人家站不住，最后他被老师批评了。

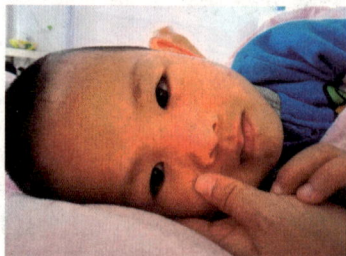

午睡时的温馨

活动反思

　　看着他认真的眼神，我知道这确实是他心里的声音，不由得感到特别温暖，幼儿教师这个职业的幸福感在此时特别强烈。哪些事情可以做，哪些事情不可以做，孩子们知道得一清二楚，只是有时他们兴奋得忘乎所以，需要我们成人的包容和提醒。

活动四　借红笔

　　户外活动时，张嘉宸在涂鸦区玩。刚开始，他拿了一支黑色的笔，用黑笔画了一个方形，边上又增加了一些弯曲的线条，类似机器人的上身，然后就停下了。他扭头看见旁边的博涵在用红笔画画，就向博涵要红笔，博涵不给，于是他千方百计想把博涵的红笔要过来，最后说用一会儿就还给他。博涵禁不住张嘉宸的软磨硬泡，

达到目的后开心地笑了

就把红笔借给了张嘉宸。直到活动结束，他一直没把红笔还给博涵，而博涵好像也忘记了要回红笔自己画，只是在旁边看着张嘉宸画，听着张嘉宸说。

活动反思

　　孩子们总有他们的相处之道在里面，有时候我们会用成人的眼光去看他们的世界，但是不要去评判、去打断、去"帮助"。

活动五　借助钩子汲水

　　幼儿园有一个模仿战争时期的碉堡建造成的小型碉堡，地面上的部分看似小房子，地下是一个洞，大约一米深。夏天一场大雨过后，里面积了水。今天我们去活动的时候，孩子们发现了这里，于是从洞里往外汲水成了他们感兴趣的游戏。能力较强的孩子一只手把住洞边，另一只手拿着小缸子，半边身体加胳膊使劲探下去就能够得着水。但是这样很危险，他们一松手的话就会掉进去。我看得很紧张，就用手按住他们的手

增加牢固性，并拽住他们，生怕他们掉下去。张嘉宸的做法却令我很意外：他在身高等先天条件不占优势的情况下，竟然能想到用附近现有的材料——风火轮上的钩子去辅助汲水。他用钩子钩住水杯的把儿，然后不用使劲探身子也能轻易地把水上来。

打上水来了

活动反思

有时，越是危险的地方，孩子们越愿意挑战。旁边水槽里有水，他们不去取，偏偏愿意从碉堡里面一点点、一次次地汲水，由此可见，具有挑战性的事情对孩子们来说更有吸引力。

我在看这次活动照片时很后怕：当时万一有个孩子掉下去了怎么办？但是那个"万一"没有发生，我却看到了他们的勇气和能力。尤其是张嘉宸，在各方面都不占优势的情况下，发挥自己的创造力，以最简便的方法从碉堡中取水，在这方面他显然胜伙伴们一筹。

六、主题活动总反思

著名教育家叶圣陶曾经说过："教育是什么？往简单方面说，只需一句话，就是养成良好的习惯。"而良好的行为习惯建立在良好的规则意识和遵守规则的能力上。《纲要》中明确指出："在共同的生活和活动中，以多种方式引导幼儿认识、体验并理解基本的社会行为规则，学习自律和尊重他人。"对幼儿进行规则意识的培养，帮助他们形成规则意识，也是培养拥有健全人格、适应社会需要的人才的必要环节。规则可以是由书面形式规定的成文条例，也可以是约定俗成流传下来的不成文规定。而更多的时候，规则是因为得到每个人的承认和遵守而存在的。

针对张嘉宸的情况，我进行了家访，和家长沟通交流，了解他在家的状态。他在家也没有收纳整理的习惯，妈妈嫌他越整越乱并且还很浪费时间，就一直是包办代替。我向他妈妈介绍了他在幼儿园的情况，并说了我的计划，他妈妈也明确地表示会配合我们。

一段时间后，张嘉宸已经能较好地根据自己的计划去做事情，并且每次都能自己打扫卫生、收拾玩具等，还干得很麻利。这里面有家长的功劳，也离不开我们在园里日复一日地对他进行规则意识的培养。现把做法大体归纳如下：

耐心整理

（一）活动前明确活动规则，帮助他建立规则意识。

在活动前，我明确提出具体的要求，只有让他明确地知道了具体要求，知道怎样做是正确的，他才能真正把规则意识装进脑子里。例如：活动时不要大声吵闹，不要随便走动；取放材料时要轻拿轻放，用完后要放回原处；活动结束后要把材料收拾整理好，不能乱扔乱放等。

（二）活动过程中强化规则意识，帮助他遵守规则。

张嘉宸对自我的控制能力和对事情的专注度较差，往往会受外界刺激的干扰，不能把握自己的行为。因此，虽然明确了规则要求，但他在活动中也往往不能很好地遵守。于是，我不断地提出具体的要求，并反复强调要求，帮助他控制自己。例如不要大声讲话，只能悄悄讲话。如果需要单独和小朋友交流，不能让第三个人听到。如果有事需要找老师，就悄悄地走到老师身边，轻声告诉老师。当张嘉宸把这些具体的要求真正放在心里时，他才更容易做到。

和同伴合作

（三）通过暗示，提醒他理解和遵守规则。

我和张嘉宸有个"暗号"，当我看见他控制住自己并做了一件对的事情时，我就点个赞，他看见后笑得很开心；当他有吵闹或争抢的苗头，又意识到自己正在做不对的事情而回头看我时，我就皱一下眉或者摇摇头，他就知道自己做得不对，不再继续。

借由张嘉宸，我对全班孩子也如此要求，建立班级中孩子们整体的规则意识。规则必须建立在孩子充分理解的基础上，所以我通过让孩子们参与规则的制订过程来增强他们的规则意识。例如，我们班专门组织了一次物品摆放讨论会：在哪里拿的东西，就按照分类摆放并贴上标记。如果规定"肥肉不要放在别人盘子里"，有的孩子就会钻空子：菜是不是就可以放在别人盘子里？正确的方法是告诉孩子："你不想吃的东西放到桌子上的垃圾盘里，别往其他小朋友的盘子里放！" 又如，告诉孩子"椅子是用来坐的，不是用来站的"，这比"不许站在椅子上"的效果要好得多，也更利于孩子接受。

（四）制订规则时的注意事项。

在制订规则的时候要分好类。一类是不可以协商的，比如安全类的，不能做的事情就坚决不能做，没有商量的余地；另一类是可以协商的，规则很有用，但可以保持一定的灵活性，允许有理由地通融。此外，一次不要建立太多规则，要把最重要的一条规则建立起来，等孩子们适应了这一条后，再逐步建立其他规则。

孩子不违反规则，就可以尽情地发挥自己的优势特长，随心所欲地做自己想做的事情，这就是基于规则之内的自由。

遇见拼插，遇见"生长"

崔峰　高宁

一、主题活动设计意图

升入中班后，结合孩子的年龄特点和兴趣爱好，班级投放了魔术棒玩具。对于这种新玩具，孩子们会怎么玩呢？会有什么样的表现呢？教师又该如何引导呢？借此机会，结合我园"生长教育，为孩子幸福一生奠基"的教育理念，我们继续坚持以幼儿为主体、坚持幼儿的自主游戏原则，再一次"放手"，让幼儿在自主拼插中探索、发现、收获、成长。

二、主题活动网络图

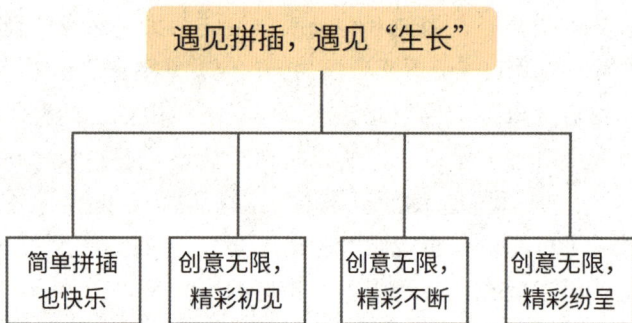

```
            遇见拼插，遇见"生长"
    ┌──────────┬──────────┬──────────┐
┌────────┐ ┌────────┐ ┌────────┐ ┌────────┐
│简单拼插│ │创意无限，│ │创意无限，│ │创意无限，│
│也快乐  │ │精彩初见 │ │精彩不断 │ │精彩纷呈 │
└────────┘ └────────┘ └────────┘ └────────┘
```

三、主题活动总目标

1. 幼儿能够对拼插活动感兴趣，并且专注、持续地进行拼插。
2. 学习各种拼插的技能技巧，发展幼儿的建构能力和手眼协调、手脑并用能力。
3. 发展幼儿对数量、对称、形状、空间的认识与理解能力，培养幼儿的科学探究能力。
4. 尝试进行不同的拼插，发展幼儿的想象力，培养通过多种途径解决问题的能力。
5. 培养幼儿合作、协商、交流、表达的能力，促进幼儿良好的社会性发展。

四、主题活动准备

1. 环境准备：各种拼插作品以及图片、视频资料。
2. 物质准备：各种拼插玩具以及辅助材料。

五、主题活动实施过程

活动一　简单拼插也快乐

活动目标

1. 熟悉拼插材料，了解拼插材料的主要特点。
2. 对拼插活动感兴趣，能积极地进行拼插。

活动准备

魔术棒玩具。

活动过程与实录

由于孩子们初次接触魔术棒玩具，因此我先简单地介绍了魔术棒玩具的名称，然后提问："请小朋友们仔细观察，魔术棒玩具都有哪些颜色？什么形状？"

孩子们争先恐后地说出了各种颜色：红色、蓝色、绿色、紫色……

随后他们回答了所观察到的形状：圆形、长条形……

"请小朋友们思考一下，魔术棒玩具有哪些玩法？"我说，"希望小朋友们能开动小脑筋，动手试一试，相信你们一定会拼摆出很多造型。"

"我的太阳花是不是很漂亮？"

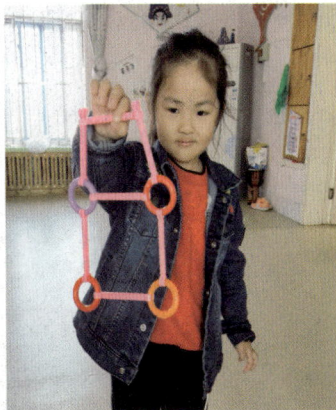

"这是我的手提包。"

听到我的鼓励，孩子们跃跃欲试，开始积极地投身到自己的创作中……每个孩子都在认真地拼插魔术棒，活动室里安静得如同空无一人。

我站在一侧默默地观察，发现博年把长条形玩具一个一个地插在圆形玩具上。我好奇地问他："好漂亮！你拼的是小花朵吗？"

博年开心地说："我插了一朵太阳花。"

最后，我发现孩子们拼插的造型各不相同，有照相机、眼镜、小提包、相框等。

活动反思

虽然孩子们的作品略显简单，但他们在拼插过程中非常快乐。因为在他们眼里，作品不论是简单还是复杂，不论是成功还是失败，都是他们经过自己的思考和努力完成的。对于他们而言，这是一次非常棒的活动体验！

活动二　创意无限，精彩初见

活动目标

1. 进一步激发幼儿的拼插兴趣，激发幼儿的积极性。

2. 学习拼插技巧，发展幼儿的建构能力和手眼协调、手脑并用能力。

活动准备

多媒体、图片、视频、魔术棒玩具等。

活动过程与实录

在今天的区域活动中，我发现建构区比较冷清，没有了往日的热闹，这是怎么回事呢？

带着这个困惑，我走到正在拼插的翊晨身边，想问个究竟：

"你在拼插什么啊？"

"我也不知道拼插什么。"

"今天玩拼插玩具的小朋友怎么这么少啊？他们怎么都不玩了？"

"我们都不知道要拼插什么了！"

这句话让我突然意识到，建构区的拼插遇到了瓶颈。该如何突破这个瓶颈，让孩子们更开心、快乐地拼插呢？我陷入了沉思……

我和同事经过简单的探讨之后，决定上网查找关于魔术棒的资料。没想到原来魔术棒能拼插出这么多造型，我们内心暗暗惊喜，赶紧把图片下载下来，准备和孩子们一起分享。

第二天的区域活动结束后，在分享交流阶段，我有意识地问："今天建构区的小朋友为什么这么少？你们不喜欢拼插了吗？"

大家异口同声地说："喜欢。"

"那你们为什么不去建构区了呢？"我反问。

"我们不知道该拼插什么了，也想不出拼插什么好。"栋栋苦恼地说。

"哦，我明白了！"我说，"老师有个好办法，我们一起来看看，好不好？"

于是，我通过大屏幕和孩子们分享了下载好的拼插图片。

孩子们看得非常认真，并不断发出"哇！哇！"的惊呼声。

从孩子们的表现来看，我相信他们已经受到启发了。在接下来的几天时间里，建构区的孩子又开始多了起来，他们热情高涨地开始了新一轮的拼插活动。

既安全又舒适的马车

可以推着去超市买东西的手推车

活动反思

当幼儿遇到问题时，教师要积极启发、引导幼儿思考：想一想，你还能拼插什么造型？能不能拼插出不一样的作品？……一系列的问题，能有效地激发幼儿的思索，进一步启发幼儿去探索。

同时，当幼儿在拼插过程中遇到困难时，教师要及时介入，并利用网络等查找资料，进一步帮助幼儿欣赏、借鉴他人的作品，从而更好地开拓幼儿思维，提升幼儿的拼插水平，保障拼插活动的顺利、持续开展。

活动三　创意无限，精彩不断

活动目标

1. 发展幼儿对数量、形状、空间的认识与理解能力，培养幼儿的数概念和科学探究能力。

2.尝试进行不同的拼插，发展幼儿的想象力，培养通过多种途径解决问题的能力。

活动准备

魔术棒玩具。

活动过程与实录

经过前段时间的经验积累，孩子们的拼插水平越来越高。他们开始在原有水平的基础上，按照自己的构想设计不同的造型，拼插的内容越来越丰富多样。每次活动结束后，我们及时把孩子们的作品拍成照片，在大屏幕上分享，便于大家相互学习、借鉴。同时我们把优秀作品的照片打印出来，张贴在建构区的墙壁上。这样，孩子们可以利用一日生活的间隙，进行欣赏或者与同伴交流，弥补了活动分享阶段由于时间有限，而不能让每个孩子分享交流的遗憾。

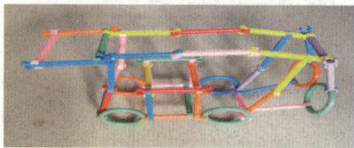

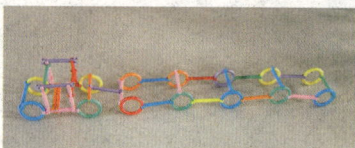

带云梯的消防车   一列火车长又长   搅拌机（中间的直筒放水泥）

活动反思

1.及时发现幼儿的新玩法，鼓励幼儿分享他们的新经验，丰富其他幼儿的拼插内容。幼儿在拼插的过程中，不断做出新造型，这时我们会及时地用相机记录下来，并让幼儿将作品保留下来。待到分享交流的环节，请幼儿拿着自己的作品给小朋友们讲述自己的拼插过程和方法。教师积极鼓励幼儿大胆地讲述，既锻炼了幼儿的语言表达能力和勇敢、自信地在集体面前表现自我的能力，又丰富了其他幼儿的拼插经验。

2.肯定幼儿的表现，让每个幼儿都获得成功感。每个孩子都希望得到老师的表扬和肯定，尤其对于那些性格内向、不爱说话的孩子而言，他们更需要得到教师的关注和肯定。拼插，让不同的孩子有了不同的发展机会，不同程度地获得老师的鼓励和表扬。及时的鼓励和赞扬能让孩子获得成功感，体验到努力带来的幸福感和喜悦感。

活动四　创意无限，精彩纷呈

活动目标

1. 进一步激励幼儿积极拼插，发展幼儿的思维能力和想象能力。
2. 培养幼儿合作、协商、交流、表达的能力，促进幼儿良好的社会性发展。

活动准备

魔术棒玩具。

活动过程与实录

随着拼插水平的提高，孩子们在拼插的道路上越走越远，拼插的内容也越来越复杂。他们不再局限于生活中的事物，而是在已有经验的基础上，不断地挑战自我，不断地丰富拼插内容，将自己的想象通过灵巧的小手表现出来。比如，孩子们开始设计拼插系列作品，以及拼插一个能在固定形状的基础上进行不断变化、变形的作品。

我们在感叹孩子们进步的同时，也看到了他们的思想之光在不断地闪耀。

手推式清洁车

秋千架

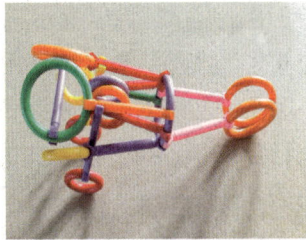
婴儿车

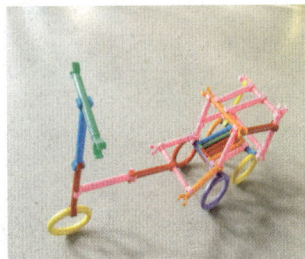
电动五轮车

带天窗的汽车

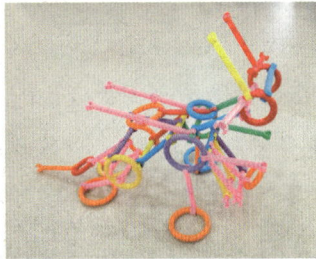
三角龙

活动反思

1. 现场欣赏幼儿的创意作品，给予幼儿足够的肯定和鼓励。当幼儿的作品拼插完成后，请建构区的小朋友现场观摩作品，并请作品的主人介绍自己的想法和做法。通过对优秀拼插作品的展示，以及对幼儿的鼓励，进一步激发了幼儿对拼插的兴趣，拓展了他们的经验，相信他们在今后的拼插中能产生更多的创意。

2. 教师介入，提出问题，启发幼儿思考，为下一步的拼插开拓思路。教师及时地参与到幼儿的拼插活动中，并根据幼儿的拼插情况不断提出问题。生活中还有很多物品可以拼插，教师可以此来拓宽幼儿的思维，引导幼儿拼插出各具特色的作品。

六、主题活动总反思

拼插的过程，是幼儿探索与尝试的过程，也是幼儿生长与收获的过程。从最初随心所欲地拼插，到一步一步地构想，再到最后作品的成型。这个过程使幼儿的思维能力和想象能力得以发展，更锻炼了幼儿小手肌肉的灵活性和协调性。幼儿在拼插的过程中，不仅获得了各方面能力的提升，更收获了成功感、幸福感和认同感。

（一）拼插能有效提升幼儿的空间思维，帮助幼儿理解整体与部分的关系。

孩子们在拼插玩具的时候通过组合部分创造出最终的整体构造，然后在反复拼插的过程中又通过拆卸从整体过渡到了部分。这样可以让孩子的空间思维得到进一步发展，同时使他们了解整体是由部分组成的，部分组合在一起就成了整体，对整体与部分的关系有更加深入的理解。

（二）拼插的过程是边想边做，极大地促进了幼儿手脑配合的协调性。

孩子们在拼插的过程中会首先思考要拼插什么，思考每一部分如何操作，大脑在进行思考的同时，又和手部的动作密切地配合与联系起来，有效提高了幼儿手脑并用的能力。

（三）培养了幼儿的耐心和自信心，以及坚毅、不服输的良好品质。

拼插活动是一步步进行的，这个过程需要孩子有足够的耐心才能完成。同时，孩子拼插的过程不是一蹴而就的，需要多次甚至无数次的尝试，但他们不怕困难，一次次地克服失败的挫折，勇敢地拼插，最终获得成功。

（四）给孩子充足的时间和空间，让孩子按照自己的兴趣活动，会收到意想不到的效果。

孩子天生就是智慧家，他们会按照自己的想法进行各种活动。在拼插过程中，孩子们一次又一次的表现，让我们不断地感受到，他们具有无限的潜力，只要给予他们足够的时间和空间，他们也一定会有长足的进步。

大班

民间游戏之巧手翻花绳

石凌霞　孟凡华

一、主题活动设计意图

《纲要》中指出："引导幼儿对身边常见事物和现象的特点、变化规律产生兴趣和探究的欲望"；为幼儿"提供丰富的可操作的材料，为每个幼儿能运用多种感官、多种方式进行探索提供活动的条件"。民间游戏中的翻花绳游戏，取材方便，操作简单，不仅花样丰富，游戏过程也很有趣。翻花绳游戏可以一个人玩，也可以两个人一起玩。所以，

多种花式翻绳

只要你有一条可以系起来且足够长的绳子，有一双灵巧的小手，然后开动脑筋，就可以完成多种花样的翻花绳游戏。

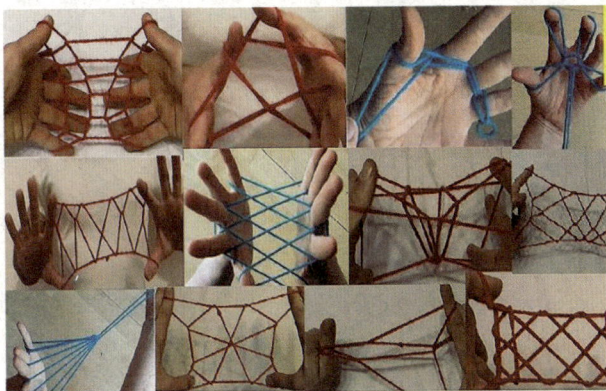

二、主题活动网络图

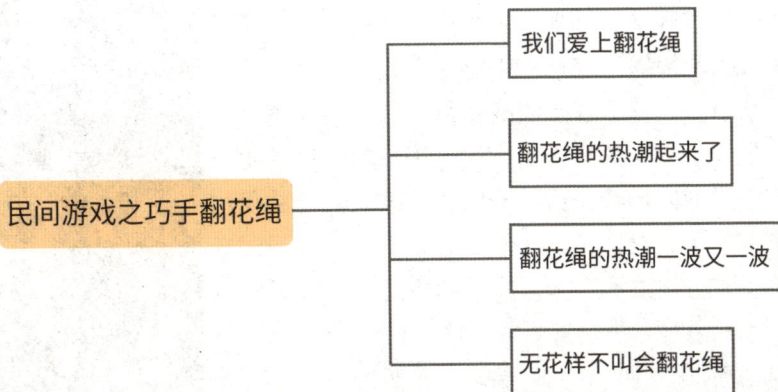

民间游戏之巧手翻花绳
- 我们爱上翻花绳
- 翻花绳的热潮起来了
- 翻花绳的热潮一波又一波
- 无花样不叫会翻花绳

三、主题活动总目标

1. 帮助幼儿认识翻花绳游戏，并在其过程中充分体会民间游戏的乐趣，感受中国传统文化及游戏的魅力。

2. 练习勾、翻、拉等翻花绳的基本动作，提高幼儿手眼协调能力，促进幼儿手指的灵活度。

3. 掌握翻花绳的方法和技巧，能用绳子翻出多种图案，提高翻花绳和创编新花样的兴趣。

4. 通过交流合作，顺利完成翻花绳游戏，提高幼儿的合作意识。

四、主题活动准备

各种彩绳、麻绳、彩色毛线和已经做好的花绳若干。

五、主题活动实施过程

我们班开展的翻花绳活动，由民间游戏区延伸到了一日活动中的每个环节，孩子们可以随时随地，想翻就翻。

活动一　我们爱上翻花绳

以前，一根小小的绳子放在美工区，孩子们都熟视无睹。等民间游戏区设立了以后，我特意在里面放入毛线、麻绳和彩绳，并且把绳段的两头系起来，做成了花绳。如果有孩子想翻花绳，拿过来就能玩。可是，经过几天的观察，我发现孩子们对这些花绳并不感兴趣。

第二天，我在区域做计划时，以变魔术的形式推荐了翻花绳游戏：一根绳子交叉在手指上不仅没有打结，还能变成网状造型。就是这双人翻花绳游戏中的最简单的一步——把绳子套在两只手上，通过手指勾、挑等动作，把绳编织成网的形状，让孩子们跃跃欲试。于是我给每个孩子都发了一根绳子，让他们尝试着去翻一下，结果却难倒了三分之二的孩子。我开始犯愁了，孩子们会有兴趣继续下去吗？我还需要做些什么呢？

区域自由活动时间，慧欣、瑞琪、雅琪等几个小女孩去了民间游戏区，并且研究起这小小的绳子来。这让

自由活动时间练习翻花绳

我很欣喜：孩子们愿意去尝试一些有挑战性的事情了。我把她们翻花绳的过程通过拍照、录像记录了下来，在之后分享交流的环节里，向大家进行了展示，并一起讨论了翻花绳失败的原因。孩子们纷纷表达了自己的想法，他们对于小小绳子的兴趣又增强了！

当总结分享会结束后，我告诉孩子们，他们的爸爸妈妈也会翻花绳。孩子们很惊讶，因为在他们的认知里，翻花绳是件很困难的事情，爸爸妈妈怎么会呢？于是，我给孩子们布置了一个有趣的任务：回家后调查一下爸爸妈妈会不会翻花绳。这天晚上，班级群里非常热闹，家长们纷纷上传了"家庭翻花绳"的视频。由此看来，不仅孩子们爱上了翻花绳，家长们也重温了一回翻花绳的美好记忆。

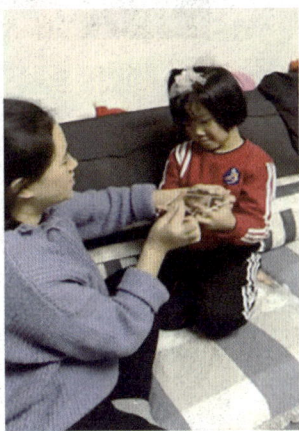

孩子在家练习翻花绳　　　　　　　　家长们上传翻花绳视频

活动反思

由于布置的"家庭翻花绳"任务是反其道而行之，孩子们产生了考验爸爸妈妈的有趣想法，从而在调查过程中对翻花绳产生浓厚的兴趣，并爱上它。

活动二　翻花绳的热潮起来了

第三天，当我再次拿出花绳时，孩子们个个都有很多的话要说，都迫不及待地想要展示一番。基于昨晚的练习，孩子们对于简单的玩法大都已掌握得很熟练了。他们开始自由组合，找旁边的小伙伴两人结伴玩："咱俩一起翻花绳吧！"这正是翻花绳游戏所必需的合作精神。

《纲要》指出："引导幼儿参加各种集体活动，体验与教师、同伴等共同生活的乐趣。"《3~6岁儿童学习与发展指南》（以下简称《指南》）中也提到："幼儿园应多为幼儿提供自由交往和游戏的机会，鼓励他们自主选择、自由结伴开展活动。"而翻花绳不正是此类活动吗？

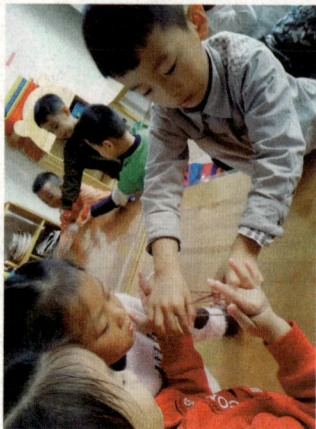

活动反思

孩子们热情高涨，我也积极回应：给孩子们买来了好吃的"小猪佩奇"饼干，和他们玩起了草地打滚游戏。孩子们吃得开心，玩得高兴，愉快的一天结束了。

空余时间练习翻花绳

活动三　翻花绳的热潮一波又一波

下一次区域活动时间，蔡老师兴之所至，翻起了他小时候翻过的"铁塔"花样。我惊讶地大叫起来："哇，我还从来没见过呢，你是怎么翻的？快教教我！"听见我的惊呼，孩子们也纷纷围了过来："蔡老师怎么翻的啊？好厉害啊！"他们和我一样被蔡老师的作品惊艳到了。于是，我们围着蔡老师向他请教。但是，翻"铁塔"花样的步骤太多了，他们学了好多遍还是记不住。整个下午，教室里的气氛都比较低落：孩子们有点急躁，有点泄气……

蔡老师翻的"铁塔"花样

晚上，家宁妈妈在班级群里问："家宁放学回家说学不会翻'铁塔'，蔡老师是怎么翻的？"她还上网搜了一种翻法，问蔡老师对不对。

家宁妈妈的问题提醒了我。第二天，我录制了一段蔡老师翻"铁塔"的小视频，发到家长群。视频刚发完不久，鹤辰妈妈也发了一个视频，原因是她觉得蔡老师翻花绳的过程有点快，学起来不太容易，于是她把动作放慢录了一遍。紧接着，家成妈妈又发了一个视频，这

家长在群里详细讲解翻花绳步骤

次她是一边翻花绳一边讲解步骤录了一遍。就这样，这个"铁塔"花样很快就有两个小朋友会翻了。于是接下来的两周时间，我们一直在练习翻"铁塔"。

两周后会翻"铁塔"的孩子　　　　　　三周后会翻"铁塔"的孩子

两三周后，孩子们都学会了翻"铁塔"。至此，翻"铁塔"的热潮告一段落。

活动反思

　　翻花绳对于初学者来说，特别是那些手指不够灵活、双手配合不够默契的孩子，确实存在一定的难度。孩子们刚开始学翻花绳时，绳子根本不听从手指的指挥，不时地从手指上脱落下来。他们有过气馁也有过退缩，但是在环境的感染下，在同伴的不放弃和老师的鼓励下，他们最终都坚持了下来，翻出的花样也从易到难、从简单到复杂。孩子们相互传授着翻花绳的经验，相互欣赏着翻出的作品，成功的体验让他们获得了自信。

　　为了让孩子们继续保持浓厚的翻花绳兴趣，我在班内组织开展了"翻花绳表演""翻花绳接力""翻花绳比赛"等活动。这些活动，为孩子们提供了展示自我、突破自我的机会，培养了他们的竞争意识，让他们获得了成功的自豪感。

活动四　无花样不叫会翻花绳

　　翻花绳在我们班已经不仅仅局限于民间游戏区的活动了，逐渐贯穿在一日生活中。孩子们在等待洗手的空闲时间、在饭前饭后的自由时间、在画完画时，抽空就从口袋里取出小小的彩绳翻起来。瞧啊，在孩子们的小手翻转腾挪间，一个个漂亮的花样出现了："降落伞""铁塔""拉大锯""太阳落山"……甚至在翻花绳过程中由于不小心翻错那么一小步，最后呈现的陌生形状，孩子们也会高兴地给它起个新颖的名字，使之成了全新的花样。若是一不小心被其他小朋友看了去，就会有专门来请教的。于是，新造型传播开来，大家又多学会了一个花样……在我们班，真是无花样不叫会翻花绳。

　　其间，还发生了一个有趣的故事：

一天早晨，雅琪妈妈特意带雅琪早早地来到班里，为的是和我聊聊雅琪的学习状况。她说："雅琪以前翻花绳，什么花样都不会翻，现在会翻好多花样，还会翻老师没有教给她的'抽绳小魔术'呢。你有时间的时候，让她翻给你看看。"

于是，午饭前，我请雅琪到前面给大家表演一下"抽绳小魔术"。雅琪是个平时不喜欢说话的孩子，不善于在大家面前表达。刚开始，她害羞地坐着不动，经过几次三番的邀请，她才扭捏着走到前面，一声不吭地开始翻起了"抽绳小魔术"。当她最后把绳抽出来时，孩子们惊奇地发出"哇——"的声音，雅琪笑眯眯地跑回了座位上。

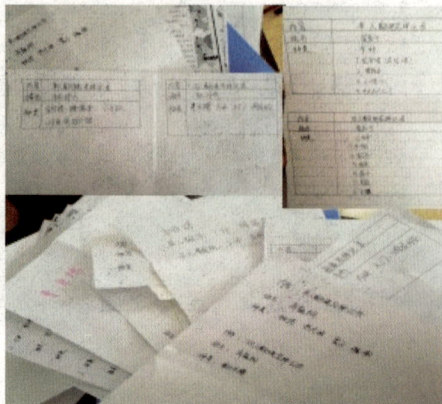

最后统计的翻花绳花样

由此，魔术抽绳的花样在我们班流传开来。雅琪也成了中心人物，孩子们围着她问这问那。而雅琪这个"小老师"当得也很合格，她手把手地教大家勾哪根绳、手指怎样转动等，演示得很细心。学会了的孩子再去教不会的，"小老师"越来越多，一下午的时间，就有一多半的孩子掌握了这种翻法。

第二天，我特意跟雅琪妈妈说起这件事，雅琪妈妈欣慰极了："昨天她回家说她当'小老师'了，可高兴了，一晚上都兴高采烈的！"

活动反思

对于雅琪来说，能够面向大家就是一次很大的挑战，更何况是在大家的注视下展示自己的技艺呢！其实，每个孩子都渴望被关注，渴望与其他小朋友交流，当我们适时地给他们展示自我的机会时，他们心里是愿意为大家展示的。

这次机会成了雅琪在生活和学习中的一个转折点。从那以后，她脸上的笑容逐渐多了起来；和大家的交流也频繁了；遇到解决不了的事情，也能比较从容地走到老师跟前询问或者求助了。

孩子们的可塑性极强，怎样去引导，给予怎样的关注，他们就会怎样发展。可以说，周围的环境决定了一个人如何发展和提升。翻花绳活动，为我们班制造了一种温馨、快乐、互助的氛围，为孩子们的成长与发展提供了良好的环境。

六、主题活动总反思

只有不断地激发孩子们的内在驱动力，鼓励他们自发地去学习、去探索、去实践，才会有如此的热潮出现。看着班里孩子们对翻花绳有着如此浓厚的兴趣，我们接下来要做的就是控制好节奏，让他们对翻花绳的兴趣能够持续下去，不断地调动他们的内在学习动力。

无论教得多么"出色"，无论学习机会多么"难得"，孩子们如果没有学习动力，就学不进去任何东西。为什么这样说呢？因为学习是通过自我激励和自我调节去进行的，只有让孩子们主动去学习，他们才能够学会渴望学习的东西，才能够学会乐于学习的东西。

翻花绳游戏的开展，让我们班的孩子受益匪浅，具体表现在：

首先，提高了孩子们的思维能力和手指的灵活性。翻花绳是依靠手指来操作的，在翻花绳的过程中，思路清晰、手指灵活才能翻出花样，不然绳子就会频频打结或者松散掉落。因此可以说，加强手部活动就是开发大脑潜在机能，训练手指就是训练了大脑。翻花绳游戏需要眼睛观察、分辨纵横交错的线条，需要大脑记忆操作的顺序和方法，因此，具有促进幼儿手指灵活度、健脑启智的作用。

其次，发展了孩子们的合作交往能力。翻花绳游戏最常见、最有趣的玩法是两人轮流翻，每人翻一次就能出现一个新花样。这种玩法，多是喜欢翻花绳的孩子自由地选择合作伙伴进行的。在游戏中两人必须相互配合，这样游戏才能顺利地进行下去。因此，翻花绳游戏可以促进孩子主动交流、自主合作等，从而提高合作交往能力。游戏的成功，开心的欢笑，共同分享胜利的喜悦，让孩子们兴趣盎然，"兴趣—收获—成功—更有兴趣"在幼儿活动中形成了良性循环。

最后，翻花绳游戏提升了班级向心力。孩子们都对同一件事感兴趣，一起经历初学的新鲜，失败的沮丧；一起享受努力的过程，分享成功的喜悦。所以，一起哭一起笑地走到最后的成功体验，不仅增进了幼儿间的感情，同时增强了班级凝聚力。

小积木，大智慧

胡培红　杨瑞迪

一、主题活动设计意图

　　木质积木游戏非常适合学龄前儿童认知发展的特点，积木不仅可以用来进行空间搭建，发展儿童空间思维与数理逻辑智能，同时还兼具艺术的美感，可以促进儿童的情景想象、语言交流，被称为最全能的教具。木质积木是儿童生活中很好的玩具，几块积木就能让他们沉静下来，学会独立思考。积木拼搭的每一次变化，对孩子们来说都是一件独一无二的作品，使他们更加独立且自信！

二、主题活动网络图

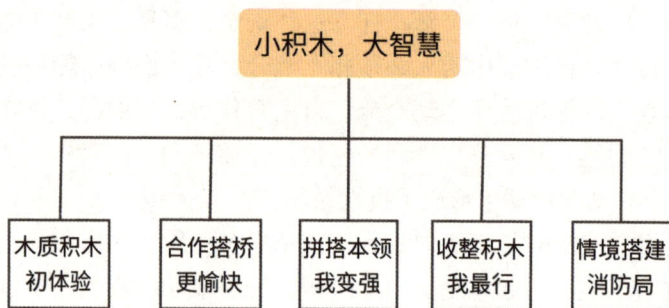

```
              ┌─────────────────┐
              │  小积木，大智慧  │
              └─────────────────┘
    ┌──────┬──────┬──────┬──────┬──────┐
┌──────┐┌──────┐┌──────┐┌──────┐┌──────┐
│木质积木││合作搭桥││拼搭本领││收整积木││情境搭建│
│初体验 ││更愉快 ││我变强 ││我最行 ││消防局 │
└──────┘└──────┘└──────┘└──────┘└──────┘
```

三、主题活动总目标

　　1. 初步了解积木的玩法，体验玩积木的乐趣。

　　2. 能与伙伴合作探索积木的玩法，培养交往能力。

　　3. 能发现积木的多种玩法并大胆尝试，培养幼儿想象力和创造力。

　　4. 尝试在游戏情境中进行有目的的建构。

　　5. 能自己收整积木，增强责任意识。

四、主题活动准备

1. 物质准备：积木若干、辅助材料、收纳箱。
2. 环境准备：室内大型建构活动区、搭建成品图片若干。

五、主题活动实施过程

活动一　木质积木初体验

幼儿园新购了木质积木，给每个班都配发了两箱，这可把孩子们高兴坏了。大家围着箱子叽叽喳喳，激动地问："老师，我们什么时候可以玩新积木啊？"看到孩子们渴盼的眼神，我们赶快找来三个大塑料篮，将积木放进篮子里。

区域活动开始了，音乐响起后孩子们纷纷去找自己喜欢区域的进区卡。转眼间，建构区的进区卡都被孩子们拿光了，原来大家都想去建构区玩新积木呀！

浩浩和可儿不一会儿就用积木搭建好了一座大桥，浩浩自豪地说："这是我建的大桥，下面是桥洞，会有河水流过！"可儿问："我能从桥上过去吗？"浩浩慷慨地说："能！"可儿非常开心。

子睿说："这是我用积木搭的城堡。"每个小姑娘心里都有一个公主梦，能亲手为自己建造一座城堡，真好啊！

小小建桥工程师

梦中的城堡

活动反思

孩子们第一次玩木质积木感觉很新鲜，都非常感兴趣。活动前，我强调了游戏规则：不许大声喧哗；要爱惜积木，不乱扔乱放；要轻拿轻放，注意安全。这些规则，孩子们都遵守得非常好。只是在收整积木的时候，有的孩子先把小积木放进了篮子，然后再放长积木，最后篮子里放不下了。活动讲评环节，我把篮子摆在孩子们面前，问大家：这是怎么回事？怎样才能把积木摆好？孩子们纷纷出主意想办法，并且非常期待下次继续玩木质积木。

活动二　合作搭桥更愉快

在第一次的积木搭建中，长方形积木和圆拱形积木最受孩子们欢迎。

家名小朋友一边搭建，一边喃喃自语："看我的大桥多高多坚固。"可是，刚过了一会儿，家名就跑来找我告状了。我急忙跑过去查看，原来梓煜不小心一伸脚把家名的大桥碰倒了。梓煜不停地道歉："对不起，我不是故意的。"我提议说："梓煜，要不你帮家名把大桥修好吧！"梓煜听了，和家名一起开始重新搭建大桥。虽然这次搭的大桥已不是原来的样子，但是两个小朋友的合作，让他们享受到了游戏中更多的快乐。

孩子们在自由拼搭积木

"看，我们的大桥！"

活动反思

孩子们在活动中往往会发生一些小小的矛盾和冲突，教师只要适当地引导就能帮助他们解决冲突。活动结束，孩子们在收整积木时，我特意提示了他们如何合理地收整，因而这次收整积木的速度比上次快了很多。

活动三　拼搭本领我变强

　　孩子们有了前两次搭建积木的经验，拼搭本领更强了。他们通过亲身实践，知道了三角形积木不仅可以做房顶，还有很多用途。浩然小朋友别出心裁，用长条积木做长颈鹿的长脖子，用三角形积木做长颈鹿的头，拼搭出了可爱的长颈鹿！

　　瞧，浩然宝宝这既满足又自豪的小眼神，是不是很可爱呀！

可爱的长颈鹿

活动反思

　　拼搭积木是一个心力、手力、脑力、眼力一致作用的过程，孩子们并不是毫无目的地胡乱搭建，而是在不断的思考中进行设计，然后通过双手将作品完成。

　　木质积木的好处就是看上去简单，孩子们易上手，可以发挥自己的想象力和创造力进行自由搭建。在自由搭建的过程中，孩子们可以通过不断地重复拼搭或者边动手边思考，搭建出各种各样的玩具模型。这一游戏过程容易带给孩子们满足感和成就感。

活动四　收整积木我最行

　　因为之前给孩子们布置了一个小任务：应该怎样收整积木？所以今天区域活动的时候，我着重关注了建构区里孩子们怎样收整积木这一方面。

　　经过一段时间的动手实践和摸索，孩子们掌握了一种收整积木的方法。怎样收整积木，才能既省时又省力，而且积木摆放得整洁有序便于搬运呢？我们一起来看一看孩子们的做法吧！

　　收整积木的时候先去找最长的积木，将其摆放在最下面，然后再摆放稍微短一些的

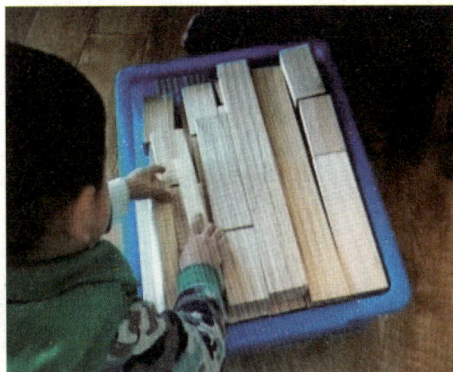
孩子在认真收整积木

积木，最后把最短、最小的积木放在最上面。在这一过程中要将所有的积木都朝同一个方向摆放，这样就能把积木摆得又整齐又美观。

活动反思

通过收整积木，孩子们体验到了"自己的事情自己做"带来的动手乐趣，收获了引以为豪的成就感。

活动五　情境搭建消防局

在这次的积木搭建活动中，芏芏和子懿一起合作搭建了消防局，他们说："里面还有消防员叔叔和灭火器。"前段时间，我们刚给孩子们上了一堂消防安全知识课，看来他们不仅记住了相关的消防知识，还在玩积木搭建的时候进行了知识经验迁移。

搭一个消防局吧!

活动反思

通过对孩子们在积木搭建过程中的不间断观察，我发现：

1. 有几个孩子特别爱玩木质积木，每次玩区域游戏时，他们都选择建构区。

2. 有的孩子已慢慢学会分享与合作。

3. 孩子们用积木搭建的建筑作品，功能更加完备。比如，消防局里，有喷水灭火、散步的地方；城堡里，有路、桥、公园……孩子们还学会了建围墙，把搭建的所有东西都围起来，让自己的建筑作品更有整体感了!

六、主题活动总反思

许多专家学者经过大量的观测发现，积木是帮助幼儿开发逻辑思维和增强动手能力的最好玩具，难度较大的积木甚至能培养幼儿良好的行为习惯和学习耐性。孩子们在积木搭建的过程中，在学习数学知识的同时，还能培养空间感，提高想象力、创造力和语言表达能力等；并且促进了幼儿之间的交往与沟通，提高了交往能力、协调能力和合作能力。

　　通过对幼儿这一段时间的观察与引导，我有以下感悟和心得：孩子们通过积木搭建活动，懂得了拼搭时将大块积木放在下面、小块积木放在上面，这样会搭得更稳。此外，孩子们学会了拼搭各类创意性的图案和搭建大型建筑群；学会了合作搭建积木，几个孩子共同完成一件作品；学会了遇到矛盾自己解决，比如有的孩子拿了其他孩子的玩具，能够自行解决矛盾，初步培养了解决问题的能力；学会了收整玩具，培养了责任意识。我的收获是管住嘴、放开手，给孩子们自由发挥创造的空间。

　　让幼儿深度参与的环境就是好环境，换句话说，让幼儿真正喜欢的玩具就是好玩具。相信通过我们对区域游戏的不断探索、深入挖掘和反思实践，一定会做到：真正地把思考的时间，把创造的空间还给孩子！

室内区域新旧材料的推荐及幼儿活动情况

宫盈盈　李爱新

一、主题活动设计意图

　　材料是开展区域活动的物质媒介，是幼儿活动的基础。幼儿活动的兴趣往往来自对材料的兴趣，区域中的材料是促进幼儿发展的载体之一，也是开展区域活动的重要保障。

　　材料投放的过程注意材料要有一定的数量变化，不能一成不变，而应随着幼儿能力的提升以及主题的变化，不断地更新、添加。教师不能只注重操作的结果，而应引导幼儿尝试通过不同的方法和途径对材料进行摆弄，激发幼儿的活动兴趣和探究欲望，从而让幼儿在游戏的过程中得到不同能力的发展。

　　通过对幼儿区域活动一段时间的观察，我们发现区域中有些材料是被幼儿遗忘的，甚至从来都没有幼儿玩过。我们把这些材料整理出来，例如废旧纸箱、薯片桶、水果网兜、扑克牌等，并进行反思：幼儿不愿意玩这些材料的原因是什么呢？仔细想想，幼儿好像对精细的高结构材料比较感兴趣，而对于比较粗糙的低结构材料不感兴趣。这是因为幼儿缺少经验不会玩这些材料吗？活动后我们搜集了一些与这些材料有关的照片，准备在以后区域活动前依次进行重新推荐。

二、主题活动网络图

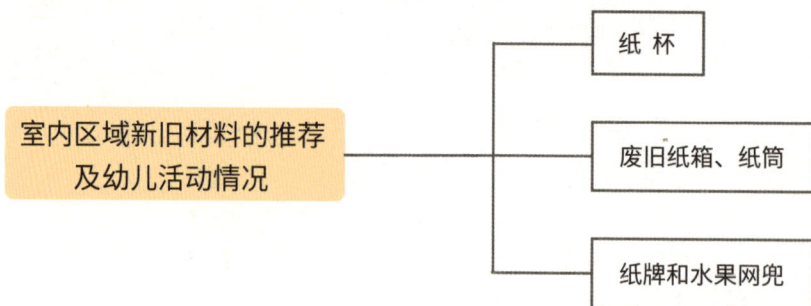

```
                                              ┌──────────────┐
                                              │   纸 杯       │
                                              └──────────────┘
┌────────────────────┐                        ┌──────────────┐
│ 室内区域新旧材料的推荐 │────────────────────────│ 废旧纸箱、纸筒 │
│  及幼儿活动情况        │                        └──────────────┘
└────────────────────┘                        ┌──────────────┐
                                              │ 纸牌和水果网兜 │
                                              └──────────────┘
```

三、主题活动总目标

1. 通过对旧材料的二次推荐，让幼儿能够更好地了解材料，激发幼儿的活动兴趣和探究欲望。

2. 幼儿尝试通过不同的方法和途径对材料进行摆弄，从而增进对游戏的兴趣。

3. 幼儿能通过游戏材料的丰富，认识到低结构材料和高结构材料的不同。

四、主题活动准备

1. 环境准备：家长利用周末时间带孩子一起查阅有关废旧材料应用的知识。

2. 物质准备：纸箱、奶粉桶、薯片桶、纸杯、扑克、网兜等废旧材料。

五、主题活动实施过程

活动一　纸杯推荐及幼儿活动情况

区域活动音乐响起时，幼儿开始自主选择区域，插卡后进区游戏。由于今天重点推荐了纸杯，所以有好几个幼儿都玩起了纸杯。他们合作得很好，有的进行搬运，有的进行搭建，分工明确。刚开始他们只是用纸杯进行简单的垒高，大约10分钟就搭好了一座"金字塔"，但是一不小心推倒了。这时我问他们："你们还可以搭建其他形状吗？""可以啊，我们来试试。"于是他们进行了第二次搭建，这一次他们一起商量后进行了围圈的搭建，样子有点像土楼。但是搭建了20分钟，他们的建筑还没有封顶，

正在搭建的"金字塔"

创意搭建的"土楼"

他们只是进行了简单的围圈搭建。

经过两周时间，孩子们的搭建依然停留在围圈和三角塔的形式上，于是我又进行了二次推荐纸杯，并且和孩子们展开了讨论：在玩纸杯搭建游戏的时候可以借助其他辅助材料吗？有的幼儿说不可以，因为纸杯太软了，放上其他物体会倒；有的幼儿说可以，只要地基打牢固就不会倒。带着质疑，孩子们各自选区，这次在区域活动讨论最激烈的两个孩子都选择了建构区，并且一起进行了纸杯搭建：从找材料到搭建，两人分工合作。这次他们在纸杯上轻轻地搭上纸筒和纸牌，中间出现过两次其中一段的倒塌，但是他们很快进行了补救，重新选择比较轻的材料轻轻地摆放好，最终顺利地给搭建的作品进行了围合。两个人都很享受成功的喜悦，于是在分享环节我们一起欣赏了他们的作品，并请他们说了在搭建过程中的发现。最后请大家探讨，下次搭建的时候还可以怎样做？

活动反思

在整个活动过程中，幼儿之间能够相互配合、分工合作，并友好协商搭建的主题，完成后能够介绍自己搭建的作品。但是幼儿在选用不同材料进行拼搭的方面还有欠缺，不能够灵活运用其他材料。有了第一次的经验，在这次活动中孩子们更加大胆自信了，他们尝试了不同材料的搭建，虽然搭得有点小，但最起码有了不一样的尝试，比如用废旧纸盒给搭建的作品进行了封顶。借此机会我与孩子们一起讨论和欣赏了他们搭建的作品，并及时给予肯定和鼓励，为下次材料推荐埋下了伏笔。

在这次纸杯材料的推荐过程中，我一共集中推荐了两次，通过活动幼儿的搭建水平有了一定的提高。从最开始的基础搭建三角塔，到围圈，再到封顶，游戏过程循序渐进，材料的使用也是从单一的纸杯再到辅助材料的配合使用，整个过程中幼儿都是在教师的适当引导下自由操作，后经过不断尝试才得以发展。所以在幼儿进行区域活动时，教师要对幼儿使用材料情况做好观察，并在适当的时机对幼儿进行适当的推荐，这样材料才会发挥它新的价值，幼儿才会有不一样的收获。

活动二　废旧纸箱、纸筒的推荐及幼儿活动情况

第一次推荐，基于之前的纸杯搭建活动，幼儿把搁置在角落很久的纸箱搭建在了纸杯上。看来幼儿对辅助材料的应用已有一定的经验，趁此机会我又在区域活动前对纸箱和纸筒进行了重点推荐，并通过让幼儿观看视频和图片丰富活动经验，等幼儿做好计划后，开启自主游戏。

在这次的活动过程中，有四个男孩选择了玩纸箱。他们之间没有很明确的分工，都是自己搬运并往上搭。我看他们一层层地把纸箱从那边搬过来又垒在这边，便走过去问："你们想搭什么呀？"他们四个你看我、我看你，最后相视而笑，没有回答我，而是继续低头干自己的事情去了。我不好再过多地打扰他们，就坐在旁边看。最后他们实在没有纸箱可以往上垒了，就放了一个纸杯和纸筒在上面。浩宇兴奋地拍着手说："我们的墙终于垒好了，坏人来了也冲不进来。"

瞭望台搭建风波

然而东宇却说："我们搭的是瞭望台，不是墙，你没看到上面还放着望远镜吗？"这时浩宇和东宇就发生了争吵："是墙！""是瞭望台！"两人谁也不服谁。这时站在一边的然然小朋友说话了："墙和瞭望台不都可以吗？反正是做游戏，你们俩别吵了，再不玩就到时间收拾整理了。"浩宇和东宇沉默了一会儿后，浩宇说："那我们就一起搭瞭望台吧，这样还可以看到远处的敌人呢。"于是两人又都参与到游戏中，一直到最后的收拾整理环节，他们都分工合作并迅速地把材料进行分类摆放。

通过这次活动，幼儿在材料的运用和搭建水平上有了经验上的提升。虽然孩子们能够选择不同材料进行搭建，从无主题到有一定的目标，但还处于垒高和围封的阶段，仍需进一步探索。

连续几天，幼儿对于玩纸箱搭建的兴趣仍然很浓厚，但是在观察幼儿的活动时，我发现他们玩的几乎都是和前几天相似的搭建，所搭建的建筑立体感较弱，并不能熟练运用各种建构技能，比如插接、排列、组合等进行综合搭建。好在幼儿对活动的兴趣不减，也基本掌握了简单的架空方法。

在搭建过程中，由于幼儿选择的纸箱厚度不一样，当搭建到一定高度时就容易发生倒塌。孩子们积极地去寻找原因："刚才还好好的，为什么突然就倒了呢？我们再来试试吧！"经过几次试验之后，他们终于找出了原因：因为上面搭的纸箱太厚，下面的纸箱太薄，承受不住上面的重量，所以在垒高的时候会发生倾斜，甚至倒塌。在找到原因后，孩子们抱着试一试的心态重新进行了搭建，最后终于成功了。

在分享交流环节，我选择了这次玩纸箱搭建的幼儿

搭建的建筑发生倾斜倒塌

和大家分享交流了他们搭建的经验，以及遇到的问题。我在白板上展示了他们搭建时的照片，让其他幼儿能够更直观地发现第一次搭建的问题以及改进后的成果，为下次幼儿游戏提供了已有经验。

通过之前的分享交流，幼儿有了经验的积累，再进行搭建时就能够找相同高度的材料进行搭建，并注意到搭建作品的对称，对辅助材料的运用也更加丰富了。但是搭建的作品缺乏一定的创造性，基本问题都是幼儿的搭建目标不太明确，我反思这可能是缺少了活动主题的支撑吧！

在我发愁如何再对幼儿进行引导时，恰好接到了要去外校参观学习的通知。回来后，经过与幼儿商量，我们确定了"我心中的小学"搭建主题，在同一主题下幼儿进行了三次活动。第一次，幼儿用多种材料进行了搭建，作品完整，并进行了有规律的排列，运用的材料丰富多样且有条不紊。第二次的搭建是在第一次的基础上增加了搭建的高度——加了房顶，让整个作品更加完整了。第三次搭建，幼儿有了不一样的作品呈现。通过三次不同的尝试，幼儿的搭建水平提高了很多，搭建技能的运用也更加熟练了。在活动中幼儿能够友好地协商建构方案，分工合作，并且能够较完整地讲述活动过程和主题内容。

第一次搭建"小学"　　　　第二次搭建"小学"　　　　第三次搭建"小学"

活动反思

在本次的纸箱、纸筒材料的推荐活动中，我以之前的活动作为基础，对纸箱进行了二次推荐，并密切观察幼儿活动的情况。当幼儿遇到问题时不是急着去帮他们解决，而是让他们独立思考解决问题的方法。在搭建主题的确定上，我也是征求幼儿的意见，让大家共同商量后再决定。在活动中，幼儿得到了充分的自主游戏的权利，搭建的技能得到了提高；并在与同伴的合作中，学会了尊重他人的意见。总体来看，建构纸筒和纸箱等材料的推荐还是很成功的。直到现在，每次区域活动时都有幼儿选择纸箱或纸筒进行搭建，也有不同的作品呈现。

活动三　纸牌和水果网兜的推荐及幼儿活动情况

在区域活动中，我把幼儿很久都没玩过的益智区的纸牌和美工区的水果网兜进行了推荐。在推荐纸牌的时候，我出示了活动前准备好的图片，并让幼儿讨论，纸牌除了搭建还有什么玩法？博裕说："还可以比大小、开火车。"幼儿听到纸牌如此好玩后很感兴趣，于是我和一位幼儿给大家展示了玩法，在接下来的自由选区活动中有不少幼儿选择了玩纸牌。而对于水果网兜，我只是简单地进行了介绍，让幼儿了解了一下材料，没有具体地推荐如何使用。我本来想看看幼儿能不能自己创新玩法，结果没有幼儿选择玩这种材料。

"开火车"游戏

"比大小"游戏

活动反思

从对这几种新旧材料的推荐情况看，对纸杯、纸箱等建构区材料的推荐还是比较成功的，幼儿对这些材料比较感兴趣，在游戏过程中比较专注且持续时间长；而对纸牌、水果网兜的推荐就不太成功。那么，为什么有的材料推荐会比较成功，幼儿会感兴趣，而有的不太成功呢？这也是值得我在之后的活动中深入思考的地方。

六、主题活动总反思

游戏与幼儿的兴趣密切相关。兴趣受经验和好奇心的制约，幼儿的兴趣与好奇心的保持是短暂的，容易转移，所以幼儿对某一游戏从喜欢到不喜欢的这一转变是正常的。如果通过调整游戏的材料重新唤起幼儿的游戏兴趣，这对幼儿的发展是有意义的。在纸杯和纸箱搭建的过程中，教师适当地介入，对材料进行二次推荐或确定新的主题都会对幼儿游戏起到一定的引导作用，这样幼儿对材料的兴趣才能长时间地保持，进而更愿意进行游戏。

而对于纸牌材料的推荐，虽然前期工作做得比较多，但幼儿进行游戏的次数还是比较少，只会进行短时间的操作。加之教师也没有及时地对材料进行调整，所以幼儿对游戏材料的兴趣持续时间就会变短，甚至放弃对材料的操作。基于这样的情况，纸牌材料就不能再进行二次推荐了，应该及时把它从区域中取走。

对于水果网兜这种材料来说，推荐不成功是因为教师的前期准备工作做得不够充分，没有详细地介绍材料的用法，幼儿由于缺少经验，所以才会对材料不理睬，不操作。在游戏中材料是否要做调整？教师在游戏中的介入行为是否及时、适时？对幼儿的游戏是否有推动作用？幼儿的兴趣点在哪里？游戏中需要幼儿积累怎样的经验？还存在什么问题？幼儿需要怎样的帮助？有了上述分析和反思，教师才能给予适当指导，给幼儿活动提供更有价值的材料，促进幼儿在自主游戏中得到进一步发展。

好玩的荡绳

蔡宇　刘庆云　赵梦雪

一、主题活动设计意图

　　"龙腾虎跃"场地的绳子是最受幼儿欢迎的器械之一。除了爬绳之外，他们最爱玩的就是荡绳。

二、主题活动网络图

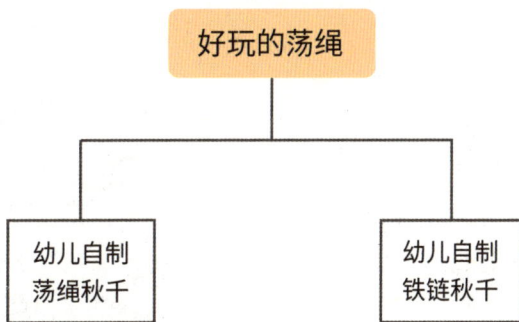

```
        ┌─────────────┐
        │  好玩的荡绳  │
        └─────────────┘
               │
      ┌────────┴────────┐
┌──────────┐      ┌──────────┐
│ 幼儿自制  │      │ 幼儿自制  │
│ 荡绳秋千  │      │ 铁链秋千  │
└──────────┘      └──────────┘
```

三、主题活动总目标

　　1. 培养幼儿的探究能力和自主解决问题的能力。

　　2. 培养幼儿的合作能力，能够团结协作完成目标。

　　3. 加强幼儿的挫折教育，不怕失败，敢于尝试具有挑战性的事情。

四、主题活动准备

　　室外设有荡绳的区域活动场地,辅助材料准备充分,幼儿也有一定的区域游戏经验。

五、主题活动实施过程

活动一　幼儿自制荡绳秋千

在一次游戏中，涵莹发现荡绳只能靠手和脚夹住，而且荡起来后持续时间太短，玩得不尽兴。

于是涵莹和小伙伴们商量，怎么才能让自己在绳子上待的时间更长呢？

雨嘉想到了一个办法："如果有根棍子在下面，我们就可以踩在棍子上荡着玩了。""我们可以用那些玩具！"妙涵指着大型积木的螺丝钉说。"太好了，我们一起拿来。"雨嘉拿来了一根螺丝钉积木，迫不及待地想绑在绳子上。但绳子对他们来说太粗了，试了好几次都没有成功。"我们去找老师帮忙吧！"

孩子们自主系绳子

我帮孩子们绑好了螺丝钉积木，可是对于孩子们来说荡绳比较高，他们上不去。于是，我将其中一个小朋友抱上了荡绳。

孩子们都特别喜欢站在上面荡着玩，但是只有在老师的帮助下才能上去，他们不能自主地上、下荡绳，减少了游戏自主性。

妙涵想到了一个好主意："我们可以先爬上旁边的软梯，然后站在玩具上。"但尝试了几次，都因为积木两端受力不均，没能成功地站在积木上。

利用软梯往上爬

悦宸在尝试了几次后想到了解决方法。她滚来了一个滚筒立在荡绳旁边，先爬上软梯，再站在滚筒上，这样就可以稳稳地站在玩具上了。

利用滚筒爬荡绳

"我站在玩具上了！"

孩子们在游戏的时候发现，虽然能爬上荡绳了，但还是很不方便，仍需要其他小伙伴帮忙扶着才能爬上软梯。于是他们开始思考，如何才能让游戏变得更简单？

这个时候，楷恒说："我们用这两根绳子做个秋千吧。"

孩子们找了很多材料都系不起来，最后妙涵突发奇想："我知道了，我在公园里看见过那种一根绳子的秋千。"于是孩子们开始尝试把两根绳子的一端系在一起，可绳子太粗了，对于他们有点硬。在尝试了几次失败后，他们仍不肯放弃这个绝妙的办法，无奈之下只能寻求老师的帮助。

于是我帮孩子们把绳子系好，调节好适宜的高度，这样他们就可以自己爬上软梯，坐到绳子上荡秋千了。

利用两根绳子做的秋千

荡秋千真好玩

活动反思

孩子们在活动中遇到困难，没有放弃，而是通过自己的努力，运用道具和实践经验去解决问题。他们团结合作、集思广益，巧妙地利用各种辅助材料完成了目标。通过自制荡绳秋千活动，培养了孩子们的探究意识，开发了孩子们的动手能力和探究能力。

活动二　幼儿自制铁链秋千

有了之前的经验，在之后的一次活动中，孩子们偶然发现铁链下面的活扣，并利用活扣玩起了秋千的游戏。

孩子们尝试把螺丝钉积木绑在两条铁链上。一开始只顾着把它绑上，完全没有考虑两边的高度，后来在一次次的失败中，他们发现高度越接近越稳定，最后明白高度必须一样才能成功。在一位小朋友的指挥下，大家终于成功玩上了铁链秋千。

利用玩具和铁链做秋千

自制秋千完成

活动反思

　　活动中孩子们通过团队合作，并根据已有经验，巧用工具自制秋千。在制作的过程中，孩子们为了达到平衡，反复尝试，不怕失败，最终成功做出了稳定、牢固的秋千。

六、主题活动总反思

　　《纲要》指出："幼儿的科学教育是科学启蒙教育，重在激发幼儿的认识兴趣和探索欲望。要尽量创设条件让幼儿实际参加探究活动，使他们感受科学探究的过程和方法，体验发现的乐趣。"在活动中，教师一定要"放手"，给予孩子们充分的肯定，让他们乐在其中。

亲近自然 篇

小班

花花世界

郭靖　李燕　徐媛媛

一、主题活动设计意图

　　早春时节，春寒料峭，却丝毫没有抵挡住植物园里的花儿竞相开放，于是我们决定带着孩子们到植物园里观察春花。通过观察，孩子们发现了黄色的迎春花和连翘，非常兴奋，大声地叫起来："看，有黄色的花！""老师快来看，快来看！"孩子们都围在了初开的迎春花的周围，叽叽喳喳地讨论起来。还有小朋友凑近闻了闻，好奇地问老师这是什么花。为了满足孩子们的好奇心，让他们更深刻地了解花儿的更多秘密，我们设计了"花花世界"这一主题活动。

二、主题活动网络图

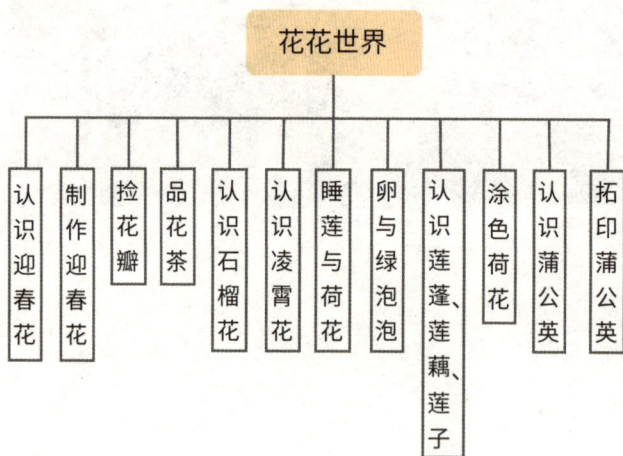

```
                    花花世界
    ┌──┬──┬──┬──┬──┬──┬──┬──┬──┬──┬──┬──┐
  认  制  捡  品  认  认  睡  卵  认  涂  认  拓
  识  作  花  花  识  识  莲  与  识  色  识  印
  迎  迎  瓣  茶  石  凌  与  绿  莲  荷  蒲  蒲
  春  春          榴  霄  荷  泡  蓬  花  公  公
  花  花          花  花  花  泡  莲      英  英
                                  藕
                                  、
                                  莲
                                  子
```

三、主题活动总目标

　　（一）情感目标。

　　1. 通过对花的认识和了解，培养幼儿喜欢和爱护花朵的情感。

　　2. 懂得花是给大家欣赏的，花儿虽好看但不能摘。

　　3. 敢于在同伴面前表达自己的看法。

（二）态度目标。

1. 积极参与有关"花"的游戏活动，乐意和花做好朋友。

2. 踊跃扮演花的角色，并与同伴交流。

（三）能力目标。

1. 培养幼儿手眼协调和动手操作的能力。

2. 通过讨论活动，促进幼儿语言能力的发展。

（四）知识目标。

1. 在探索过程中能运用收集、分类、观察、交流等技能，丰富关于花的知识。

2. 识记花的不同种类，了解花的不同生长条件。

3. 知道花是由花瓣、花蕊、花托、苞叶等组成的，初步了解它们的作用。

四、主题活动准备

1. 教师提前在幼儿园观察什么花便于小班幼儿认知和理解。

2. 家长与幼儿一起收集有关花的图片、图书等资料。

3. 幼儿在家长陪同下到花店参观，并参与买花的过程。

4. 参观小区的绿化环境，欣赏花开的景色。

五、主题活动实施过程

活动一　认识迎春花

活动目标

1. 幼儿观察了解迎春花的颜色和形状。

2. 让幼儿知道"花儿好看我不摘"的文明常识。

活动过程与实录

午后，我和孩子们一起来到植物园，隔着很远孩子们就欢呼起来："迎春花，迎春花！"那边黄灿灿的迎春花簇拥开放，像一个美丽的大花坛。看到这早春的景色，孩子们高兴得欢呼雀跃。

在路上正好碰到了园长爷爷，孩子们高兴地拉着爷爷的手一起来赏花。梓晨低下头用鼻子闻

盛开的迎春花

了闻花，发现有淡淡的香味，对爷爷说："园长爷爷，你也来闻一闻吧！是不是很香？"见园长爷爷低头闻了闻，孩子们的脸上笑开了花。

观察迎春花

见大家玩得不亦乐乎，我趁机出了道观察题："孩子们，我们看到的迎春花是黄色的，它有几片花瓣呢？"大家低下头开始数花瓣。有的小朋友迅速数了出来："6片花瓣。""都是6片吗？"我接着问大家。就在这时，栋栋问："老师，这朵花少了2片，只有4片花瓣。""你再数一遍，到底是几片花瓣？"我小声地问栋栋。这时好几个孩子跑到栋栋那里和他一起数了起来，"老师，真的是4片花瓣！"闹闹大声说了一遍。

我把孩子们叫过来，一起观察这朵4片花瓣的"迎春花"："它和6片花瓣的花还有什么不一样的地方吗？"大家你一言我一语地说起来。这时，我说出了花的名字——连翘，接着我又告诉孩子们：连翘与迎春花乍看确实十分相似，但连翘的植株比较高，叶片也比迎春花大。最简单的区分方法就是数花瓣的数量，迎春花有5片或者6片花瓣，连翘只有4片花瓣。如果说迎春花是春天的第一枝花，那么连翘就是春天的第二枝花。除了数花瓣能够区分两者之外，迎春花和连翘的枝条形状、颜色等也有明显的区别。

活动反思

在今天的观察活动中，孩子们认识了迎春花，知道它是春天里开得最早的花。有个别孩子发现了连翘，起初我并没有直接介绍，而是让孩子们自己观察，并从花瓣的数量、大小以及枝条的颜色等方面进行比较，这样他们能更深刻地记住迎春花和连翘。

活动二　制作迎春花

活动目标

1. 通过欣赏迎春花，了解迎春花的花期，激发幼儿对春天的喜爱。
2. 通过创作，锻炼幼儿的耐心，并鼓励幼儿大胆地创作。
3. 幼儿练习使用棉签点画迎春花，体验绘画的乐趣。

活动准备

歌曲《迎春花》、迎春花的图片、美术材料（黄色皱纹纸、画好花枝的画）。

活动过程与实录

1. 以歌曲导入，引出主题。

首先播放歌曲，请幼儿欣赏，并提问：你从歌曲里听到了什么？歌曲里的迎春花是什么颜色的？

2. 和大家回忆去植物园欣赏迎春花的景象

教师提问："昨天，我们去植物园看了迎春花，它是在什么季节开放呢？"幼儿回答："春天。"教师说："对，但它是在早春开放，在它开花后就迎来了百花齐放的春天，所以我们叫它迎春花。"

教师结语："通过观察与老师的讲解，我们知道了迎春花是在春天开放，它的花朵是小小的、黄黄的，枝条向下垂，很漂亮。那么，我们今天来作一幅《迎春花图》迎接春姑娘的到来，好吗？"

3. 讲解做法。

教师示范、讲解迎春花的做法，幼儿动手操作，教师一旁指导。

4. 活动结束。

教师结语："哇，小朋友们都很棒！春姑娘看到这么漂亮的迎春花，一定很喜欢的。我们把它们贴到外面，和大家一起分享吧！"

活动反思

活动中幼儿积极动手粘贴制作迎春花。我给孩子们准备的是半成品材料——提前画好的迎春花、皱纹纸条，他们把皱纹纸条搓成小团再用胶水粘上即可。但是在粘贴中遇到一个问题——小纸团太硬不好粘贴，所以有的孩子没有搓成小团，而是直接把纸条粘在迎春花上。在这方面我没有做好指导，如果课前让孩子们练习一下，效果要好得多。

活动三　捡花瓣

活动目标

1. 让幼儿知道常见花的花期，明白花期过后花要落下来。
2. 通过活动让幼儿感受落花的美丽。

活动过程与实录

不知不觉，植物园里的桃花、杏花、迎春花都已经开完了，落在地上的各色花瓣成了一道靓丽的风景线，为何不带孩子们一起来欣赏呢！来到班里，我和老师们商量了一下这件事，大家都觉得这是一个好主意，并由此想到了一个更好的活动——把花瓣捡来晾干，然后泡茶给孩子们喝。

在捡花瓣的时候，孩子们有的一个人在认真地捡，有的三五成群有说有笑地捡。有几个小女孩什么样的花瓣都要，而闹闹只捡迎春花，因为他喜欢黄色的花。捡得多的孩子急切地跑过来让我们看他们的劳动成果。经过40分钟的捡拾，孩子们的小篮子里基本都装满了花瓣。我想让大家展示一下自己捡了哪些花的花瓣，但桐桐却不过来，还用手捂着花篮。我想其中肯定有问题，于是慢慢走过去问桐桐为什么不让大家看，桐桐还是不说话。这时闹闹说："老师，我刚才看到桐桐摘树上的花了。""我也看到桐桐摘花啦！"见好几个孩子都说了"摘花"这件事，于是我赶紧抓住这个机会和孩子们讲了"花儿好看我不摘"的文明常识。这时我看桐桐低下了头，就问她是不是摘花了，她点了点头说知道错了。

捡拾花瓣

"瞧，我们捡了那么多花瓣！"

回到班里，我们把花瓣倒在大花篮里，晨晨问我："老师，我们什么时候能喝花茶呀？""等到花瓣晒干了就可以泡茶喝啦！耐心等待吧！"在刚开始晒花茶的时候，大家经常围在花篮旁边观察，直到有一天桐桐跑来告诉我："老师，花瓣变颜色了。"我一看原来是花瓣变黑了，我想这茶肯定不能喝了。"太可惜了，为什么花茶喝不成了呀？"桐桐不解地问。这时好文说："因为它发霉了，所以不能喝了。"越来越多的孩子围了过来，大家都开始讨论这个问题。于是，我们一起上网查阅了资料，寻找花瓣变黑的原因。

桐桐说："可是，我们很想喝花茶呢！""老师，我也想喝。"很多孩子

收获满满

都紧接着说道。

"那我们就从家里带花茶来幼儿园，怎么样？"我说。

"好！"孩子们欢呼起来。

活动反思

在捡花瓣活动开始之前，教师没有给孩子们讲捡花瓣的正确方法，导致有的孩子去摘花。因此在活动中，教师应及时地教育引导，丰富孩子们的生活常识。孩子们从捡花瓣到晒花瓣都很期待，但是我们没有提前做好相应准备，导致了晒花瓣这一环节的失败，孩子们因此感到很失望。好在我们及时提议从家里带来花茶品尝，让孩子们同样品尝到了花茶的清香。但是孩子们自己动手制作的花茶和买来的花茶所带来的体验是不一样的，所以今后遇到这样的活动，教师应该提前做好准备。

活动四　品花茶

活动目标

1.通过不同感官探索多种花茶，比较它们的不同。

2.了解沏茶的过程，品尝并表达对花茶的感受。

活动过程与实录

在活动开始之前我准备了玫瑰花茶、菊花茶等，以及煮茶需要的玻璃茶壶、热开水、小纸杯。

发现有的孩子并不认识这几种花茶，我首先向大家介绍了花茶的名称。接着我请孩子们看一看、闻一闻和摸一摸，并说说他们的发现，例如花的质感、香味、形状和颜色等。

孩子们迫不及待地说："老师，什么时候开始泡茶呢？"

我把花茶分别放进玻璃茶壶，然后倒入热开水，请幼儿观察花茶的变化。开始观察前要提醒幼儿观察时小心热水和茶壶烫手。等花茶放凉后，请幼儿闻一闻、尝一尝其中一种花茶的味道，然后分享感受。

教师小结：花朵除了可以用来做精美的书签，还可以做成清香扑鼻的花茶，供人饮用。

花　茶

教师讲解花茶

活动反思

本节活动中，孩子们了解了泡花茶的过程，并且品尝了花茶。在活动开始之前如果请家长提前让孩子认识多种花茶，到茶店去参观，欣赏茶道文化，这样孩子的经验就会更丰富一些。此外，教师也应该先向家长了解孩子对喝花茶是否过敏。

闻一闻

一起品茶

活动五　认识石榴花

活动目标

1. 初步认识石榴花，认识花的颜色和形状。
2. 知道石榴花开的季节，明白"花儿好看我不摘"。

活动过程与实录

第一次观察：在幼儿园的主路两侧和门厅外面的花盆里种着好多石榴盆景。五月初石榴盆景就开始开花了，我带着孩子们一起来观察石榴花。通过观察，孩子们知道石榴花是红色的，呈喇叭状。恰好我们观察的时候有两个剪枝的师傅在工作，孩子们围了过去开始问："阿姨，这棵石榴树怎么还没有开花呀？"阿姨耐心地告诉大家，这不是石榴树，这是一棵瓜子黄杨，到秋天的时候才能开出黄色的花。

第二次观察：距离上次观察一个星期左右，我们又来到外面观察石榴花。在观察前，我给大家布置了一个小任务："我们来观察一下，这次的石榴花和上一次相比有哪些地方不一样？开花的数量是多了还是少了？"孩子们围在花盆周围看得很认真。奕翰说：

"老师，这里有花苞。""花苞"一词从孩子的嘴里说出来可不是一个简单的词语。我紧紧抓住这个词语，给孩子们讲解了花蕊、花托和花苞等植物构造。

第三次观察：早上做完早操后，我们路过石榴树旁，看见有好多花落了下来，孩子们都感到好奇。于是我让他们讨论一下花落的原因，大部分孩子的意见都是"花开完了，就落下来了"。我把前几天我们教研组总结的结论告诉孩子们：在树上住着花妈妈和花

发现石榴花的秘密

爸爸，有一天花爸爸要去外面工作所以要落下来。佳晨好奇地问："老师，花宝宝去哪里啦？"我笑着说："花宝宝就是石榴呀！现在还小，要经过好长时间花宝宝才能长大！"

回到班里我和孩子们一起学习了花妈妈、花爸爸、花宝宝分别是雌花、雄花和石榴的知识，并且一起学唱了儿歌《石榴花》。

石榴花

石榴花，吹喇叭，

开得多，开得大，

它跟我来捉迷藏，绿叶后面眨啊眨。

石榴花，开得大，

石榴花，吹喇叭。

红彤彤，真耀眼，

像火像彩霞，像个少女羞答答。

活动反思

孩子们在整个活动中，先后分阶段观察了三次石榴花，知道了石榴花的颜色、形态等，认识了植物的基本构造，明白了"花开花落终有时"。教师通过把雌花、雄花、石榴比喻成花妈妈、花爸爸和花宝宝，让幼儿对石榴花的印象更加深刻。在活动中我们带领孩子只是单一地认识了幼儿园的石榴盆景，可以让家长带孩子到周围的广场或者网上见识更多的石榴品种。

活动六 认识凌霄花

活动目标

1. 了解凌霄花的主要特征。
2. 培养幼儿喜欢聆听故事的兴趣。

活动过程与实录

一个户外活动的下午，我和孩子们来到小沙池里玩沙，有孩子发现了凌霄花。鑫宇大声说："老师，石榴花！"我走过去和鑫宇一起观察，有好几个孩子看见后也围了上来。我告诉他们这是凌霄花，并让他们仔细观察它的形状、颜色、花瓣。孩子们经过实地观察以及观看网上的图片，已能够较好地区分凌霄花和石榴花。

最后我给孩子们讲了一个关于凌霄花的传说。

相传，闽西一个叫龙地的山村住着一户姓董的财主，他家有个可爱、美丽又能吟诗作画的女儿——凌霄。凌霄渐渐到了出嫁的年纪，悄悄爱上了勤劳善良、高大英俊的长工柳明全。凌霄不仅偷偷地为柳明全缝制新衣裳，还经常把好吃的拿给他，两人约定无论生死都要在一起。财主和他老婆正在四处择婿，希望凌霄嫁个门当户对的人家。凌霄和柳明全相恋的事被他们知道后，财主怒气冲天，命家丁把柳明全毒打了一顿，然后丢到了荒郊野外。柳明全离世后，善良的乡亲们把他埋在了村外的小河边。过了几日，一棵大柳树神奇地从柳明全的坟地上长出来，它枝叶繁茂，细长的柳条随风摇曳，好像在呜咽着诉说自己的悲伤。

因触犯家规被财主关起来的凌霄，日夜思念柳明全，不吃不喝，面容憔悴。一天，凌霄从丫鬟口中得知柳明全已去世的消息，她疯了一样冲出家门扑到柳明全的坟前，拜了三拜，然后一头撞死在柳树上。凌霄霎时变成一棵木藤，缠绕着树干执着地向上爬，很快就和柳树依偎着生长在一起，藤上开满了红色的花朵。

后来，人们发现凌霄姑娘化身成的花，可以活血化瘀、解毒消肿，能医治风湿性关节炎、跌打损伤等疾病。为了纪念凌霄姑娘，人们就把这味中药起名"凌霄花"，并沿用至今。

活动反思

本次活动是一节生成活动，由前段时间认识的石榴花展开比较。孩子们善于发现，乐于了解，于是我紧紧抓住这个时机把凌霄花做了一个详细的讲解，并把凌霄花的药用价值结合故事生动地讲给他们听，便于他们理解。

盛开的凌霄花

观察凌霄花

活动七　睡莲与荷花

活动目标

1. 记住睡莲和荷花的基本特征。
2. 通过比较了解睡莲和荷花的不同之处。

活动过程与实录

在幼儿园农家小院的东边有一个小水池，里面种植了睡莲。有一天我去餐厅打饭，偶然发现睡莲开花了。下午孩子们起床后，我就带他们去观察睡莲。孩子们看到睡莲很兴奋，大声呼叫"青蛙花""荷花"——在他们看来青蛙的家是在荷叶上的，所以就叫它"青蛙花"了。我告诉孩子们："这种美丽的花是莲花，它还有个好听的名字叫睡莲。它长在水里，在夏天开花。"

孩子们刚才回答"荷花"时我就有了一个想法：开心小农场里有荷花，去观察比较一下，孩子们就能有一个清晰的认知啦！我让孩子们观察莲花的颜色、大小还有形状，大家的答案是"白色的，花很小，花是圆形的"，然后我又补充了睡莲其他的颜色。就在这时，晨晨指着水里一些绿色的东西说："看！

盛开的睡莲

水中的绿色浮沫

青蛙的卵。"大家都跑了过去，栋栋看了后却说这不是卵，是一些绿色的脏水泡。我觉得这是一个很好的辩论话题，于是就让他们各自说出自己的理由。在一旁的泽泽说："卵是黑色的，这是绿色，就是一些脏水泡。"晨晨还是坚持他的意见："卵会变成青蛙。"他们好像越说越跑题了，我必须要做出选择了。怎样才能让孩子们更好地理解呢？我向有经验的杨老师请教，杨老师说其实很简单，把泡沫取上来看一看就清楚了。我用杨老师的方法解决了这个问题。

生成活动

第二天，我和孩子们来到荷花池观察荷花，但是这时的荷花并没有开放，只有一些花骨朵。倒是在地上有一朵小小的黄花开放了，暖暖在地上发现了就说是荷花，因为它正好开在荷叶的旁边，好似荷叶长出来的花。我问大家有没有其他意见，康慈说是"婆婆丁"，是外婆告诉她的。但是其他孩子没有认识"婆婆丁"的，我认为可以开展一节关于认识"婆婆丁"的教育活动。在今天的活动中，孩子们观察了荷叶

孩子们观察荷花

和睡莲叶的不同，知道了睡莲是浮水植物，荷花是挺水植物。

延伸活动　卵与绿泡泡

活动过程与实录

上次观察睡莲引发的"绿泡泡"事件之后，我们在班里延伸了一次讨论活动：大家一起讨论绿泡泡和卵的区别。

活动开始前，我在网上搜集了青蛙卵的照片。通过观察，孩子们发现青蛙卵是黑色的，不容易破。

在这一过程中我发现孩子们对青蛙很感兴趣，于是让他们观看了有关青蛙生长过程的视频，视频清楚地讲述了卵是怎样变成青蛙的。之后我还播放了动画片《小蝌蚪找妈妈》，在欢乐的气氛中孩子们了解了青蛙找妈妈的过程。我把"涂色青蛙一家人"活动放到了最后一个环节里。

播放《小蝌蚪找妈妈》

展示绘画作品

《小蝌蚪找妈妈》绘画作品

活动反思

活动中孩子们通过实地观察，发现了荷花和睡莲的不同之处，如叶子的大小、花朵的形状和颜色的不同。通过实地观察，孩子们学会了分类和比较，更重要的是他们亲身感受到了荷花的美丽，身心愉悦。延伸活动是围绕着"卵"展开的，并通过播放视频，让孩子们清楚地了解到青蛙生长发育的过程。此外，我还把故事、绘画融入这节课中，很好地完成了这节生成活动课。

活动八　认识莲蓬、莲藕、莲子

活动目标

1. 知道莲蓬、莲藕、莲子的特征，以及它们是荷花的花托、茎、种子部分。
2. 了解它们与人类的关系，能关注水中生长的植物。

活动过程与实录

在活动开始之前，我带领孩子们观察了荷花，但是因为旁边的地里种植的是水稻，所以孩子们没能近距离地观察莲蓬。于是，我就在班里准备了莲藕和莲子。

在本节活动课上我先出示莲蓬、莲藕、莲子，请幼儿说说它们分别是什么。对于莲子孩子们都不是很熟悉，于是我让他们仔细地看看、摸摸、闻闻，然后分别说说

观察莲藕

莲蓬、莲藕、莲子是什么样子的。

接下来讨论：莲子是什么样子？莲蓬是什么样子？莲藕是什么样子？它们分别长在哪里？这些问题对我们班的孩子来说并不陌生。

通过先前去荷花池观察的经验，引导幼儿讲述：莲藕是横着长在水中的泥土里，是一节一节的；荷花谢了以后长出莲蓬，莲子长在莲蓬里；莲蓬、莲藕和莲子是荷花上的花托、茎、种子。

认识莲蓬、莲藕、莲子

接下来讨论：荷花最喜欢哪个季节？引导幼儿回答：荷花最喜欢水温高的季节，夏天温度高，荷花在夏季开放等。

活动最后，和幼儿讨论荷花与人的关系：人们用莲藕、莲子可以干什么？优优指着莲藕说她吃过藕片炒肉，樊凡也争着说他吃过炸藕合，大家都围绕着"吃"展开了讨论。

我问大家喜欢荷花吗，大家都说喜欢，因为荷花很漂亮。我对"荷花的功用"做了以下总结：荷花不仅可以供人观赏，还有食用价值；九月莲花凋谢了，留下绿色的花托，也就是莲蓬，里面藏着几十颗莲子，是可口的滋补品，还可以入药治病；池底的污泥中还长着鲜嫩的莲藕，可以生吃，也可以制成藕粉，是夏令清凉食品……荷花对人类的贡献可大啦！

活动反思

从观察实物荷花到教师讲解，孩子们非常自然地接受和感知了荷花的结构、作用，丰富了对吃过的藕的认识，这是一节很生动的科学活动课。

活动九　涂色荷花

活动目标

1.学习用粉红色、绿色给荷花、荷叶涂色。

2.尝试在给荷花、荷叶的涂色过程中选择不同的平涂方向。

活动准备

绘画纸、各色彩笔。

活动过程与实录

我在班里刚出示已经勾好荷花与荷叶边线的画纸，有的孩子就开始问："老师，这是荷花吗？"我说："是的。"并问孩子们，"它们是什么颜色的呢？""绿色和粉色。"孩子们都认识这两种颜色，涂色活动进行得很顺畅："今天我们来给荷花'穿'上漂亮的'衣服'！你们知道荷花'穿'什么颜色的'衣服'吗？怎样给它'穿衣服'呢？"

在涂色的过程中，我发现幼儿涂色的方法是不一样的。首先请嘉辰和闹闹来示范给荷叶涂色，示范结束后我们又一起讨论涂色的方向：他们是顺着什么方向涂色的呢？我们可以按照什么方向涂色呢？让幼儿按照自己的已有经验大胆地表达自己的看法。

讨论结束后，我让孩子们大胆尝试用不同的方法给荷花、荷叶"穿衣服"：如果用横向平涂的方法给荷花"穿衣服"，那么就可以用纵向平涂的方法给荷叶"穿衣服"，如果幼儿想反过来涂也可以。但是在涂色"穿衣服"的时候，尽量顺着一个方向涂，注意不要涂到线的外面。

认真作画的"小画家"

展示绘画作品

活动反思

孩子们通过这节活动课初步掌握了横向和纵向的涂色方法，在以后的活动中要经常运用这种方法才能熟练。在最后的环节中，幼儿展示并讲述自己的作品，讲解自己的涂色方法。这样做既发展了幼儿的语言表达能力，也复习并加深了幼儿对涂色方法的记忆，同时也是对幼儿的一种鼓励。

活动十　认识蒲公英

活动目标

1. 知道蒲公英是在春天盛开的一种野花，有很特别的花朵和有趣的茎、叶。
2. 知道蒲公英基本的生长过程。

活动过程与实录

活动开始前，我上网搜集了蒲公英的照片及其他相关资料。活动课上我首先讲解了蒲公英的构造，让幼儿对此有一定的认识，并告诉他们蒲公英又叫"婆婆丁"；然后给孩子们讲解了蒲公英叶子的功用，可以蘸酱吃、凉拌吃，晒干了还可以泡茶喝。

可以吃的蒲公英

认识蒲公英

为了引起孩子们对蒲公英的兴趣，我通过猜谜语的方式导入活动："今天我要给小朋友们出一个谜语，看看谁能猜出来。大家仔细听：团团绒毛轻又轻，随风飘飘像伞兵，风呀风呀乐悠悠，处处安家把根生。（打一植物）"有孩子立刻回答出来是蒲公英。我接着问："谁知道蒲公英长什么样子？""有白色的毛毛。"晨晨答道。"晨晨回答得对不对呢？今天我们一起来寻找蒲公英！蒲公英是野花，我们可以每人摘一朵，看一看：它的花长什么样子？它的花有什么特别的地方？它的茎和叶子长什么样子？"我给孩子们提出了好几个问题，大家带着问题认真观察起了蒲公英。

孩子们有了上次的观察经验，对蒲公英也并不陌生了。这次我就直接从"吃"开始说起，蒲公英可生吃、炒食、做汤、焯拌，风味独特。生吃：将蒲公英鲜嫩茎叶洗净、沥干后蘸酱吃，略有苦味，味鲜美、清香且爽口。凉拌：洗净的蒲公英用沸水焯1分钟，沥出，再用冷水冲一下，可以放辣椒油、味精、盐、香油、醋、蒜泥等，也可根据自己的口味拌成风味各异的小菜。

活动反思

"蒲公英"这个名字孩子们都有点陌生，但在观察之后有些孩子发现自己见过这种植物，然后兴致勃勃地说着自己知道的知识。孩子们在活动中了解蒲公英的特点后，我觉得还应该让他们在户外找到蒲公英来晒茶，这样活动能更丰富一些。

活动十一　拓印蒲公英

活动目标
1. 尝试运用拓印组合的方法表现物体的基本部分和主要特征。
2. 感受拓印作画的乐趣，发展幼儿的美术创作力和表现力。

活动准备
1. 蒲公英的图片、视频。
2. 深蓝色卡纸、圆形拓印工具、白色颜料、蜡笔。

活动过程与实录

以谈话的形式导入活动。教师：孩子们，你们还记得前几天见过的蒲公英长什么样子吗？开什么颜色的花？我们一起来看看是不是开的黄色的花。（出示图片）引导幼儿观察蒲公英，知道蒲公英的形状和花朵的颜色。

蒲公英的种子

盛开的蒲公英花

接下来我播放了关于蒲公英生长过程的视频，孩子们观察后能很直观地理解蒲公英的形态，并较好地拓印出来。

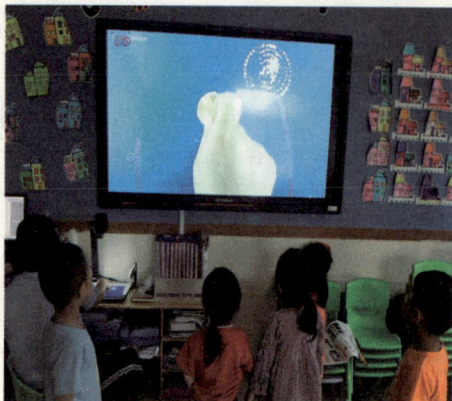

观看拓印视频

一起拓印蒲公英

活动反思

孩子们通过本节活动课对拓印蒲公英产生强烈的兴趣，并很好地完成了作品。不足之处：第一，蒲公英的茎是老师提前给孩子们画上去的，其实可以让他们自己尝试着去画；第二，作品是单幅的，对孩子们的思维有一定的局限性，老师可以准备大的纸张让孩子们合作完成，在拓印的过程中锻炼孩子们的合作能力。

六、主题活动总反思

本次主题活动是小班下学期开展的教育活动，孩子们已经具备了开展活动的能力。

本次主题活动共包括11节活动课，涉及社会、艺术、科学等领域，每节活动课包括活动目标、活动过程与实录、活动反思等。本次主题所开展的活动是观察幼儿身边的、熟悉的、生活中的事物，更是幼儿感兴趣的，对这些事物的探究能激发幼儿亲近自然、发现自然的热情。

在活动开展的过程中，孩子们的动手能力、思维能力、语言能力、观察能力、交往能力、合作能力得到了不同程度的发展。如在"制作迎春花"活动中幼儿的动手能力得到了提高，在"睡莲与荷花"活动中幼儿的观察能力和思维能力得到了发展等。我们在活动过程中时刻观察孩子们的表现，抓住教育时机及时引导，生成了好几节教育活动课，如"卵与泡泡""认识蒲公英"等。

在活动过程中，孩子们初步了解了人们的生活和自然环境的关系——相依为伴、密不可分，感知和体会到植物对人类的贡献，懂得尊重和珍惜生命，保护自然环境。

　　《指南》中指出："善于发现幼儿感兴趣的事物、游戏和偶发事件中所隐含的教育价值，把握时机，积极引导；关注幼儿在活动中的表现和反应，敏感地察觉他们的需要，及时以适当的方式应答，形成合作探究式的师生互动。"要实现这一目标，教师要做先行的研究者，要在幼儿进行探究之前进行实地考察。这样不仅可以保证活动的顺利开展，提高效率，也是教师自我积累、自我提高的过程。如"睡莲与荷花"活动，我们在活动前观察了五六次。但是，有的活动，准备得不是很充分，导致教学效果不太理想。如"认识蒲公英""品花茶"等活动，教师可以让家长带领幼儿提前认知，或者请有经验的老者给幼儿讲解茶道，这样更利于幼儿理解和接受。

　　针对该主题活动中存在的不足之处，我们会在今后的活动中进行有计划地改进和完善，使幼儿各项能力都能得到均衡发展。

中
班

小马 小马

孙凯　吕文娜　李梦莹

一、主题活动设计意图

　　孩子们和小马有着天然之缘，他们喜欢与小马为友，特别是小马刚生的马宝宝，他们更是喜欢得不得了。孩子们经常与小马对话，聆听关于小马的故事，对小马母子的世界充满了兴趣和好奇，小马也逐渐成为孩子们成长过程中最亲密的伙伴。根据幼儿的兴趣所在，依照《指南》精神，我们及时抓住教育契机，设计并实施了关于小马的主题活动。本次活动主要从"小马宝宝刚出生""嗨，你好"及"寻觅足迹"三条主线展开，充分挖掘与利用幼儿园动物资源，通过家园合作途径，让幼儿直接接触小马，走近小马，多角度了解小马的习性特征，从而和小马建立深厚感情，获取认识小马的直接经验。

二、主题活动网络图

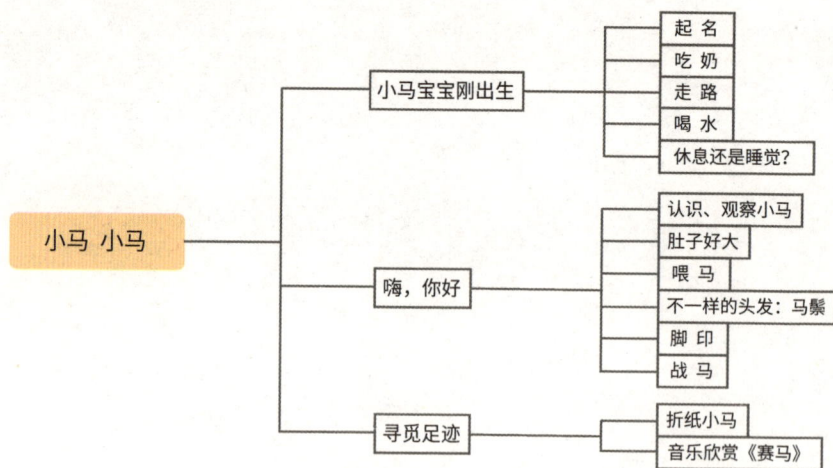

```
                                    ┌─ 起名
                                    ├─ 吃奶
                   ┌─ 小马宝宝刚出生 ─┼─ 走路
                   │                ├─ 喝水
                   │                └─ 休息还是睡觉？
                   │                ┌─ 认识、观察小马
                   │                ├─ 肚子好大
   小马 小马 ──────┼─ 嗨，你好 ─────┼─ 喂马
                   │                ├─ 不一样的头发：马鬃
                   │                ├─ 脚印
                   │                └─ 战马
                   │                ┌─ 折纸小马
                   └─ 寻觅足迹 ──────┴─ 音乐欣赏《赛马》
```

三、主题活动总目标

　　1. 培养幼儿对小马的观察兴趣，初步了解小马的习性特征。
　　2. 培养幼儿关心、爱护小动物的情感。

3. 养成乐于发现问题、提出问题并寻找答案的习惯。

4. 充分了解小马的外形特征，并能用绘画、折纸等方式来表征。

5. 通过对小马的认识，提高幼儿用较准确的语言进行描述表达的能力。

四、主题活动准备

1. 物质准备：计算机、实物投影仪、小马视频图片、彩色折纸、A4 纸、彩笔等。

2. 经验准备：幼儿认识小马，知道小马是胎生动物。

3. 知识准备：幼儿能根据自己的兴趣点进行观察，知道小马身上浅显的特点。

五、主题活动实施过程

活动一　小马宝宝刚出生

活动目标

1. 认识小马宝宝，了解小马宝宝的外形特征。

2. 萌发对刚出生小马的探究兴趣，感受小马宝宝对小马妈妈的依赖。

活动准备

小马、电脑。

活动过程与实录

幼儿园里的小马宝宝终于出生了，孩子们兴奋极了，纷纷围着小马宝宝看了起来。小马宝宝的身体非常瘦小，身上的毛稀稀疏疏，可是一双水灵灵的大眼睛却格外地精神。它紧紧地跟在小马妈妈的身边，一会儿用身体蹭蹭小马妈妈，一会儿伸长脖子紧张地看看我们，一会儿俯下身子吃奶，那个可爱劲儿顿时把大家都迷住了。

孩子们慢慢地发现小马宝宝总是怯生生地跟在小马妈妈身后，一步也不离开小马妈妈。孩子们热情地和小马宝宝打招呼："小马宝宝！小马宝宝！"本来就胆小的它一听到孩子们的叫声，仿佛被吓了一跳，两条后腿突然抬起往前打了个大趔趄，慌忙躲在了小马妈妈的身后，小脑袋紧紧地挨着小马妈妈。我见此

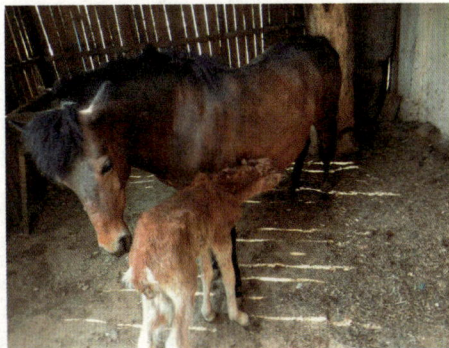
刚出生的小马宝宝

状，赶紧制止孩子们再往前走。

"老师，我知道了，小马宝宝就像刚入园的小弟弟小妹妹一样。"逸阳总会把事情分析得头头是道。

"老师，我也知道了，小马宝宝现在和我妹妹一样是奶娃娃，妈妈说看奶娃娃的时候不能大声说话。"梓涵接着说。

"对啊对啊，我家隔壁也有个吃奶的娃娃，她总会躲在妈妈怀里。"航航也凑过来说。

"是啊，孩子们，小马宝宝刚出生十几天，胆子特别小，所以我们以后和它打招呼一定要小声一点。"孩子们听了我的话，都静悄悄地待在小马宝宝身边。小马宝宝也不再那么惊慌了，用友好的眼神望着我们。

活动反思

孩子们的爱心在和动物们的接触中变得越来越浓了，他们对小马宝宝总是像对待婴儿那样温柔，愉快地担当起大哥哥大姐姐的角色。不管在外面还是在活动室里，大家常常讨论怎样照顾小马宝宝的问题。鑫鑫从家里拿来了一袋玉米，俊豪和爸爸一起给小马宝宝割了青草……爱，缓缓地流淌在孩子们的心中。通过活动发现，教师在孩子们观察时适时地进行指导，会让他们更懂得关爱动物、关心别人。

活动二　起名

活动目标

1. 进一步认识小马宝宝的外形特征。
2. 让幼儿产生参与感，激发幼儿的兴趣。

活动准备

小马宝宝、课件、话筒。

活动过程与实录

小马宝宝出生以后，我们经常去看它，和它聊天，但都不知道怎么称呼它——它还没有名字呢。于是，我们回到班里开始给小马宝宝起名。我先向孩子们介绍了小马的家庭成员：小马妈妈达达，小马姐姐达宝。

晚上我在班级群里发了通知，让爸爸妈

起名大会进行中

妈和孩子一起给小马宝宝取个名字。大家都非常积极，起了好多好听的名字。"我喜欢小马宝宝叫妞妞，希望它长得很漂亮。""我觉得小马宝宝应该叫闪电，跑得和闪电一样快。"还有"达西""宝莉"等名字。最后我们经过讨论，一致同意给小马宝宝起名"闪电"，希望它长大后奔跑起来快如闪电。

活动反思

给小马宝宝起名字，让幼儿产生参与感，产生主人翁意识，同时激发幼儿对小马的喜爱以及对其他小动物的喜爱之情。

活动三　吃奶

活动目标

1. 知道小马宝宝如何吃奶。
2. 在观察中提出问题，并尝试解决问题。

活动准备

小马、电脑。

活动过程与实录

小农场南瓜地里的杂草长得太茂密了，于是我们决定一起去拔草，并把拔出来的草喂给小马吃。当我们兴致勃勃地拿着青草来喂它们的时候，小马宝宝正在吃奶呢。大家睁大眼睛看着，只见小马宝宝的头紧紧地缩在小马妈妈的肚皮下，吃得可香了。

"小马宝宝在吃奶啊！我小时候也吃妈妈的奶。"

"我小时候也吃过。"

这一刻，大家都看呆了，小马宝宝吃得真香啊！晨曦突然对我说："老师，小马宝宝在吃奶，它还会吃我们拔的草吗？"

"老师，我家的弟弟光吃奶，不能吃别的东西，小马宝宝是不是也只能吃奶啊？"

这个问题问住了我们所有的人："老师也不清楚呢，我们去请教照顾小马宝宝的饲养员爷爷吧！"爷爷告诉我们，小马宝宝可以少量地吃点青草。

小马妈妈在吃草

活动反思

孩子们在观察中会把发现的问题和自己联系起来，用自身经验去解决问题。在发现和自身经验有冲突的时候就需要教师及时地帮助，或者去解答问题，或者一起寻找解决问题的方法。

活动四　走路

活动目标

1. 观察小马宝宝学走路，并进行模仿。
2. 乐意和老师、同伴交流自己的发现，体验交流与发现的快乐。

活动准备

小马宝宝。

活动过程与实录

今天孩子们在青青长廊下游戏，大家都热情高涨地爬上爬下。突然，我感觉到有什么东西在舔我的手，猛地回头一看，原来是我们幼儿园的小马宝宝。

这时佳宜也注意到了它："老师，小马宝宝一定饿了，我们找点吃的喂喂它吧！"

"那我们去找点吃的，拿来喂它。"当我转身试图给它拿干草的时候，它像被我吓着似的跳呀跳地逃跑了，可没跑多远摔了一跤。

"老师，看来小马宝宝太小了，还不太会走路。"梦雨拉着我的手说。

"对啊，现在的小马宝宝就像我们小时候刚学走路一样，经常摔跤。但是小马宝宝很坚强，它没有哭鼻子呢！快看，它又站起来跑开了。"

"老师，我会像小马宝宝一样走路。"赫赫刚说完，就像小马一样两手趴在地上爬了起来。

"老师我也会，我也会，我比他跑得快。"小朋友们都纷纷学了起来。

活动五　喝水

活动目标

1. 认识小马喝水的形态。

2. 乐意和老师、同伴讨论自己的见解。

活动准备

小马宝宝。

活动过程与实录

"快看，小马宝宝在喝水了。"佳佳看见小马宝宝俯下身子正在喝水桶里的水。

"不对，小马宝宝不是喝水，它是用舌头一点点地舔水喝！"这时哲宇突然说。

佳佳反驳说："不对不对，我觉得小马宝宝是用嘴巴吸着水喝，就像这样！"说完，她噘起嘴学小马宝宝吸水的样子。

大家你一言我一语地讨论着，有的支持哲宇，有的支持佳佳。我赶紧过来说："我们去小马宝宝身边，观察一下它是怎样喝水

小马宝宝在喝水

的吧！"于是，我们悄悄地来到了小马宝宝的身边，只见它正低头用小舌头一点点地把水舔到嘴巴里，这下大家都明白了。

活动六　休息还是睡觉？

活动目标

1. 观察小马宝宝，了解小马宝宝的生活习性。
2. 在观察中提出问题，并尝试解决问题。

活动准备

小马宝宝、关于马类生活习性的知识储备。

活动过程与实录

这天，我们和往常一样去看望小马宝宝。天气越来越热，小马宝宝躺在地上晒太阳，它眯着眼睛，好像睡着了。

悦悦轻声提醒大家："小马宝宝睡着了，大家别吵醒它啊！"大家安静地看了一会儿，小轩突然说："马不是站着睡觉吗？小马宝宝怎么躺下了？原来小马宝宝和我们一样是躺着睡觉的。"大家听见小轩的话，也说出了自己的想法。

"是啊，我在书里看过，马是站着睡觉的啊！"

"小马宝宝很小，它还不能站着睡觉。"

"老师，小马宝宝怎么躺下了，它不是站着睡觉吗？"

我见大家对此非常好奇，于是让他们展开热烈的讨论，各抒己见。

鹏鹏说："我觉得是因为它站累了，需要躺下歇歇。我奶奶在家干活干累了，就躺在沙发上歇歇。"

明明说："因为小马宝宝太热了，躺在地上凉快啊！"

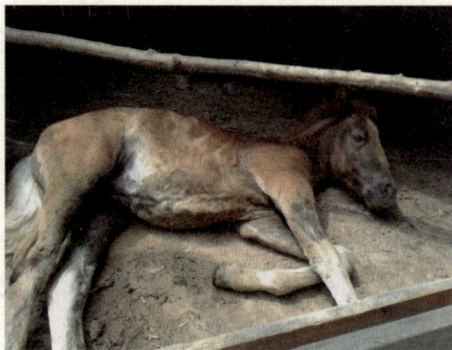

小马宝宝在休息

听完大家五花八门的解释，我赶紧说："我们一起回活动室里查查资料，看看谁说得对。"

一查资料大家明白了，原来马有四种睡觉姿势：站着睡觉、半蹲着睡觉、躺着睡觉、靠在木桩上睡觉。大家还了解到，马在不同的休息时间决定了它的睡觉姿势不同：晚上站着睡觉，遇到危险的时候可以迅速逃跑；白天小歇的时候，一般半躺着或者躺下；如果人们把它拴在木桩上，它会靠在木桩上睡觉。

活动反思

中班的孩子，已经具备了初步的科学探究意识，所以在日常观察中，孩子们会发现越来越多自己不懂的问题。教师必须及时抓住孩子们感兴趣的点，通过长期观察、查阅资料等方式方法，科学地对待他们的问题；并鼓励孩子们积极思考，共同探究，准确地回答他们发现的问题。

活动七　嗨，你好

活动目标

1. 初步了解小马们之间交流的方式，感知动物之间的亲情。
2. 促进幼儿的创新思维发展和对已有经验的迁移认识。
3. 尝试用自己喜欢的方式表达对小马母子的喜爱。

活动准备

小马母子、小马群居图片。

活动过程与实录

孩子们在马棚看见小马妈妈正在舔小马宝宝的毛。

晴晴说："快看，小马妈妈正在舔小马宝宝的毛，是不是小马宝宝身上脏了，小马妈妈正在帮它舔干净啊？"

宁宁说："原来小马宝宝这样洗澡啊！"

晶晶说："不是不是，我觉得小马妈妈是在和小马宝宝聊天。"

我告诉大家："小马妈妈舔小马宝宝，就像我们的妈妈拥抱我们。"

萌萌说："它们两个真亲呢，小马妈妈在告诉我们这是它最爱的宝宝。"

那么小马们之间是怎么交流的呢？

原来，马是群居动物，它们用耳朵告诉同伴去哪里或者看哪里，马的大大的、能动的耳朵可以告诉另一匹马它们的关注点应该放在哪里，这有助于它们观察周围的环境，遇到危险时能够迅速躲避天敌。

小马母子经常会用身体蹭对方，其实它们这也是在交谈呢！

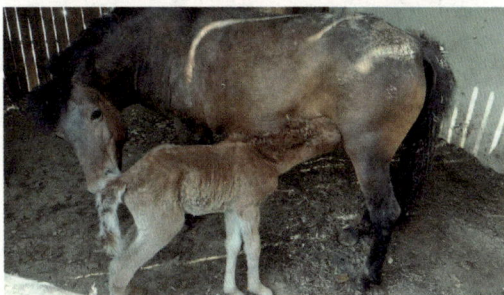

小马母子"说"着悄悄话

1. 探讨小马母子的交流方式

提问：小马和它的妈妈怎么交流呢？

小马妈妈舔小马宝宝的毛、用身体蹭、"嘶嘶"的叫声、吃奶、靠在妈妈的身边躺下等。

2. 了解马的各种交流方式

（1）声音：通过声音判断对方的心情，和对方交流；

（2）气味：通过气味、呼吸交流；

（3）动作：灵活地跑动、高高地翘起尾巴等。

3. 人与马交流的方式

（1）经常给它喂食，和它散步，帮它洗刷，轻轻地拍抚；

（2）骑马的时候轻轻地收放缰绳；

（3）观察、记录并分析马的体态、动作等。

延伸活动：绘画小·马母子

大家一起来画小马母子

《母子情深》绘画作品

活动八 认识、观察小马

活动目标

1. 认识、了解小马的外形和习性特征，知道马的作用。
2. 萌发对小动物的探究兴趣，喜爱身边的小动物。

活动准备

小马、实物投影仪。

活动过程与实录

1. 认识了解小马的外形和习性特征。

孩子们知道我们园里的小马是德保矮马，它的名字叫"达达"。小马是怎样生活的？带着对小马的好奇，我们来到了小马的"家"。

萌萌说："小马的鼻子湿湿的，鼻孔很大，是不是能闻出哪种草好吃啊？"

晶晶说："小马的头发好长啊，可以和我一样梳小辫了。"

玲玲说："小马的耳朵尖尖的，一定能听得很远。"

君君说："小马的小腿细细的，尾巴长长的。"

晴晴说："我知道小马最喜欢吃青草了，明

小马的眼睛好漂亮

天我们拿青草来一起喂喂它吧！"

临走的时候，大家都和小马说了"再见"。这时候小马和小马宝宝发出了"嘶嘶"的叫声，好像在说："再见，下次记得带好吃的青草来呀！"

2. 讲述马与人的关系，了解马的作用。

马的力气很大，可以帮助人们做些什么？

晴晴说："马可以拉车。我爷爷家就有一匹马，经常帮我爷爷拉东西。"

晶晶说："我在旅游的时候骑马了。"

玲玲说："爷爷告诉我，马的粪便可以做肥料。"

教师小结：马可以驮东西，马奶可以喝，马还可以帮助我们走很远很远的路。马是我们的好朋友，我们应该爱护它们，还要保护马喜欢的草原。

3. 认识不同种类的马。

还有什么样的马呢？我们打开电脑来认识一下。

有纯血马、蒙古马、夸特马、阿拉伯马等，马的种类不同，颜色、皮毛、体形也不一样。

活动九　肚子好大

活动目标

1. 初步了解小马是胎生动物。
2. 激发幼儿对小马的探究兴趣，生发喜爱小动物的情感。

活动准备

小马、故事课件《我是胎生宝宝》。

活动过程与实录

孩子们见到小马母子，总有说不完的话。他们讨论着小马的眼睛、鼻子、耳朵、不一样的"头发"、大肚子、细长的腿还有马蹄，甚至小马的粪便。大家像看望朋友一样，叽里呱啦地把想说的话全都讲给小马听。

"老师，小马妈妈的肚子好大啊！是不是还有一个马宝宝没出生？"丽丽问。

我赶紧给他们讲解："小马妈妈刚生了小马宝宝，肚子还没有恢复原样，所以看起来就大一些。"还开玩笑说，"和老师一样啊，刚生完宝宝肚子还很大，还没有收回去。"

小马"害羞"了

这时候晨曦说："我妈妈的肚子也很大，因为刚生了我妹妹。"

诗乔说："我妈妈的肚子也是，因为刚生了我小弟弟。哈哈哈！"

萌萌说："我妈妈的肚子才大呢！我家的小宝宝还没出生，看来我妈妈生完宝宝后肚子也会很大。哈哈哈！"大家笑作一团。

1. 了解动物的生殖方式——胎生。

出示故事课件《我是胎生宝宝》，了解胎生的常识。

小猫妈妈的肚子怎么了？它在干什么？

小狗妈妈的肚子怎么了？它在干什么？

讨论：胎生动物还有哪些？

2. 游戏：给胎生的小动物找妈妈。

幼儿分组活动，请每组的队员进行抢答，给各种胎生的小动物找到自己的妈妈，分辨哪些不是胎生小动物。答对的队伍奖励一面小红旗，抢答结束后获得红旗多的队伍获胜。

3. 胎生动物和哺乳动物。

在动物界中，许多哺乳动物都是胎生动物。

活动反思

孩子们在观察中发现了小马的很多秘密，而且对发现的秘密能够产生自己的见解，这些"见解"既童真又有趣。教师要及时记录孩子们的发现，多引导，少干预，这样他们的发现会更加精彩多变。

活动十　喂马

活动目标

1. 初步了解小马喜欢的食物。

2. 促进幼儿的创新思维发展和对已有经验的迁移认识。

活动准备

小马、青草。

活动过程与实录

1. 了解小马爱吃的食物。

提问：小马喜欢吃什么？

萌萌说："小马喜欢吃青草。"

晶晶说："我爷爷家的小马喜欢吃饲料。爷爷喂它饲料时，它吃得可香了。"

玲玲说："我妈妈说，小马还喜欢吃豆子。"

君君说："动物园里的小马喜欢吃胡萝卜和苹果。"

小结：小马喜欢吃各种青草，还有麦秸、麦子、黄豆、玉米、胡萝卜和苹果等。

2. 带着青草去喂马，观察小马吃草。

（1）去小农场收割青草，带着青草来到马棚里。

（2）在爷爷的帮助下给小马喂草。

（3）仔细观察小马是怎样吃草的。

提问：大家仔细观察，小马有没有牙齿？小马是怎样把青草嚼碎的？

3. 数学游戏：小马吃草。

出示 10 以内计算题的小马图片和数字青草卡片。幼儿计算后选择青草数字卡片来"喂"小马，速度快且计算准确者获胜。

拿着青草来喂马

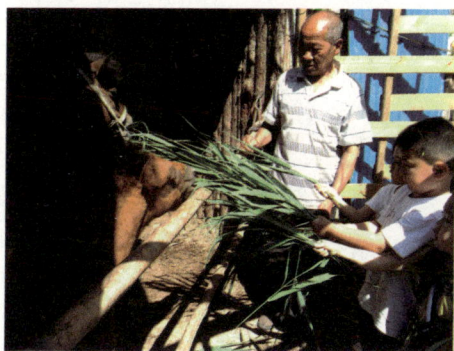

"小马，快吃草！"

活动十一 不一样的头发：马鬃

活动目标

1. 初步认识小马的马鬃，并知道其特点和作用。

2. 养成乐于发现问题、提出问题并寻找答案的习惯。

活动准备

小马、马鬃图片、马鬃制品图片。

活动过程与实录

今天照常来看小马母子的时候，文硕突然说："老师，你看达达的'头发'很黑，小马宝宝的'头发'很少。"

大家听见文硕的话，都仔细地观察小马母子的"头发"。

"达达的'头发'很密，很长。"

"小马宝宝的'头发'很少，是褐色的。"

"小马宝宝的'头发'还有点卷卷的，它烫发了吗？"

"孩子们，这个'头发'叫马鬃。"大家都好奇地重复着"马鬃"这个名字。回到活动室，大家一起查资料，了解马在不同生长时期鬃的特点和用途。

认识马鬃

1. 观察马鬃，了解马鬃的作用。

教师：小朋友们，一起来看看马鬃有什么作用!

小结：马鬃很美观，能吸引其他小马的注意；还能将雨水引流，保护身体不被淋湿；保护脖子，防止被咬伤等。而且，马鬃会随小马的成长慢慢变长变密。

2. 了解马鬃制品，激发好奇心和探究欲望。

教师：那人们会把马鬃做成什么呢？咱们来了解一下。

小结：马鬃可以做成中药，还可以制成刷子或者装饰品等。

3. 手工活动：漂亮的马鬃。

我们用橡皮泥捏出小马的头部，再粘上毛线做马鬃。

活动十二　脚印

活动目标

1. 培养幼儿善于观察，善于提出问题、解决问题的能力。
2. 进一步了解小马的外形等细节特征。

活动准备

小马、电脑。

活动过程与实录

我们的户外区域游戏在沙水区，刚刚进去的小帅发现了很多脚印："快来看啊，这里有很多小洞。""这是什么啊？""好像是脚印。""谁的脚印呢？""会不会是恐龙的？""我觉得是怪兽的脚印。"

"孩子们，周六那天，我们的小马在这儿玩了。"

"原来是小马的脚印啊!"大家仔细观察马蹄

小马的脚印

后，发现马蹄的形状是月牙形。

回到活动室，我们一起上网查询了关于马蹄的资料。大家不仅知道了马蹄那里有角质层，就像人的指甲；还了解到，人们为了防止马在行走或奔跑中过度磨损脚掌，伤害马蹄，会给马蹄钉上马掌。

小马的蹄子很特别

活动反思

观察法是科学研究中最重要也是最基本的一种方法，当孩子们观察到感兴趣的事物时，教师要敏锐地察觉到孩子们的需要，做探究活动的参与者、引导者和合作者，第一时间帮助孩子们解决疑问，加深印象。

活动十三　战马

活动目标

1. 对战马有初步的认识，并了解其特点和作用。
2. 促进幼儿的创新思维发展和对已有经验的迁移认识。
3. 发展幼儿的平衡和跳跃能力，提高动作的协调性和灵敏性。

活动准备

小马、战马图片、古诗《马诗》。

活动过程与实录

1. 由讨论引出战马。

今天我们在马棚看望小马时又展开了一场讨论，孩子们的讨论涉及马可以拉车、表演等。其中大家最感兴趣的就是战马，他们觉得马穿上盔甲跟随战士去打仗很勇猛。

晶晶说："我在电视里看见过战马，穿着盔甲可威风了。"

君君说："我爸爸玩的游戏里就有战马，战士们骑着它战斗。"

亮亮说："我们的小马达达也能成为战马。"

莹莹说："不能让我们的达达做战马，万一在战场上牺牲了怎么办啊？我可不想失去达达。"

见孩子们讨论得这么热烈，我赶紧提议："孩子们，只有古代打仗的时候才会用战马，我们一起去活动室里看看战马是怎么样的吧？"

2. 观察战马，了解战马的作用。

战马在古代行军打仗中具有重要作用，战马的数量和质量直接决定了军队的作战能力。

3. 朗诵古诗《马诗》。

教师：老师这里还有一首关于战马的古诗——《马诗》，我们一起来诵读吧！

马　诗

[唐]李贺

大漠沙如雪，燕山月似钩。

何当金络脑，快走踏清秋。

4. 体育游戏：骑马比赛。

幼儿拿一把椅子，背朝前坐在椅子上，仿照骑马动作进行比赛，先到达终点者获胜。

活动十四　折纸小马

活动目标

1. 明白和认识虚线、折线、翻折、弯曲折线等几种在折纸中出现的简单的折纸要求。
2. 在活动中加深幼儿对小马外形特征的认识。

活动准备

1. 教师事先做好一匹小马的折纸作为样品。
2. 彩色折纸、水彩笔、剪刀。

活动过程与实录

1. 教师出示事先做好的折纸样品，吸引幼儿注意力，引导幼儿说出是什么小动物，并尝试说出其特点。

2. 引导幼儿观察制作小马的方法。

3. 教师用 A3 纸演示，便于幼儿看得清楚。

（1）教师讲解制作小马的方法和步骤。

（2）鼓励幼儿说出自己的想法，并给幼儿足够的时间自由讨论其制作方法。

（3）引导幼儿认识和运用虚线、折线、

用剪刀剪出小马的腿

翻折、弯曲折线等几种折纸中常出现的折法。

4.幼儿动手绘画、剪纸，丰富小马形象。

折好后，让幼儿用自己喜欢的颜色给小马画出五官，并用剪刀剪出小马的四条腿。

活动反思

通过对小马长时间的观察，孩子们已经对小马的外形非常熟悉了。这时候通过手工活动，让幼儿在动手的过程中回忆了小马的外形特征，很好地锻炼了孩子们的动手能力，激发了他们创作的兴趣。

活动十五　音乐欣赏《赛马》

活动目标

1.有兴趣欣赏乐曲，感受乐曲热烈欢腾的气氛。

2.初步理解乐曲的内容和性质，区分其三段体结构，能用动作表现音乐情绪。

3.初步认识民族乐器二胡；巩固了解蒙古族风俗，体会蒙古族人民勇敢、豪放的精神面貌。

活动准备

教学课件：《赛马》；教学音乐：《赛马》《二泉映月》。

活动过程与实录

1.随音乐"骑马"进入活动室。

（1）教师：小朋友们，你们见过内蒙古大草原吗？今天，老师就带你们去内蒙古大草原上玩，我们骑着"马"出发吧！

（2）教师：（请幼儿看图）瞧！多美的大草原，蓝蓝的天，绿绿的草，还有什么呢？对！还有勤劳勇敢的蒙古族人民最爱骑的马。今天草原上还有一场热闹的比赛呢，你们想知道是什么比赛吗？

2.完整欣赏教学音乐《赛马》，初步感受音乐。

（1）教师提问：你们听出来是一场什么比赛了吗？对，是蒙古族人民在赛马。你们从哪里听出来是在赛马的？

小结：蒙古族人民正在欢庆他们的那达慕盛会。蒙古人从小就在马背上长大，在马背上生活，所以他们都很爱马，赛马是他们最喜爱的活动之一。每到夏天，草原上都会举行赛马大会，就连远处的牧民都要坐车或骑马赶来，参加披红挂彩的赛马大会。

你看，这些马多神气！

（2）边听故事，边看图片欣赏乐曲《赛马》。

教师边讲边操作课件：各位观众，赛马大会开始了。现在跑在最前面的是一匹枣红马，马背上的小伙子很得意。快看！后面有一匹大黄马追上来了，骑马的还是个小姑娘呢！她多勇敢啊！加油呀，后面又有一匹大黑马追上来了，比赛越来越激烈了！观众有的喊加油，有的跳起了舞。比赛继续进行着，快到终点了，马儿都不愿落在后面，使劲跑。看！枣红马一大步跨过了终点，它高兴地叫起来，向大家报喜！

（3）由"马叫"引起幼儿对乐器二胡的兴趣。

观看赛马视频

教师：赛马大会结束了，你们有没有从音乐中听到马的叫声？告诉你们一个小秘密，其实刚才音乐中的"马叫"不是真的马在叫，它是由一种乐器模仿出来的声音，有谁知道是什么乐器吗？

3. 观察二胡，分段欣赏并感受乐曲的内容及性质。

（1）教师介绍二胡的结构和特点。

（2）播放教学 CD。

（3）分段欣赏乐曲《赛马》，了解各个乐段的不同内容及性质。

①欣赏第一段，提问：这一段音乐的速度怎么样？让你好像看到了什么场景？

小结：第一段音乐的速度很快，声音越来越响，好像比赛开始了，很多马从远处跑来。

教师：小朋友们，你们会骑马吗？现在老师播放第一段音乐，你们来赛马，比一比哪匹马跑得最快。（要求：按音乐节奏做动作）

②欣赏第二段，提问：第二段音乐和第一段音乐有什么不同？让你好像看到了什么场景？

小结：第二段音乐的速度比第一段音乐慢，很优美，很抒情，好像……又好像……（要求：请幼儿表演，随音乐加上描述）

③欣赏第三段，提问：第三段音乐的速度怎么样？这段音乐好像讲了什么？这段音乐展现了赛马的什么阶段？你认为赛场的气氛会怎么样？

小结：第三段音乐的速度更快，比赛更激烈了！眼看快到终点了，马儿飞快地冲了过去。

教师：再听一下第三段音乐，思考这一段和哪一段有点相似？

（4）区分三段音乐，巩固感受音乐的结构性质。

4.通过身体动作的表演，进一步感受乐曲。

（1）观看教学课件《赛马》。

教师：小朋友们，你们想不想参加赛马？好，我们一起骑上"马"，比赛马上开始。

（2）跟随课件，表演"骑马"。

5.音乐对比感受，活动结束。（播放《二泉映月》）

教师：请小朋友听一听，如果用这首乐曲来表现赛马的情景，你感觉怎么样？

教师：为什么不能用这首乐曲？

六、主题活动总反思

　　小马是孩子们最为熟悉的朋友，特别是一提起刚出生的小马宝宝，他们便滔滔不绝地讲起与小马相关的故事。爱小马是幼儿的天性，根据幼儿的认知特点设计关于小马的主题活动，能让幼儿更加贴近小马、爱护小马。通过这个主题活动的实施，孩子们对小马更加感兴趣了，能主动地参与饲养活动，并真切地感受到人与动物的亲密关系。

萝卜季

徐媛媛　李建霞

一、主题活动设计意图

两个月的暑期生活结束了，幼儿园里的开心小农场发生了很大的变化，于是我们带着孩子们一起来农场观察蔬菜和粮食作物。在观察中，我们发现孩子们对经常吃的萝卜也不是很熟悉；在进餐环节中发现，有的孩子对萝卜有抵触心理——不爱吃，甚至不喜欢它的味道。以此为契机，并结合季节特点，我们开展了"萝卜季"主题活动。希望通过开展这个主题活动，让幼儿从多方面了解萝卜。比如：萝卜长在哪里？萝卜家族都有谁？它们长什么样？萝卜有哪些吃法？萝卜是什么味道的？……并知道萝卜中含有多种营养，对小朋友的身体大有益处，从而让幼儿养成不挑食、爱吃萝卜的好习惯。

二、主题活动网络图

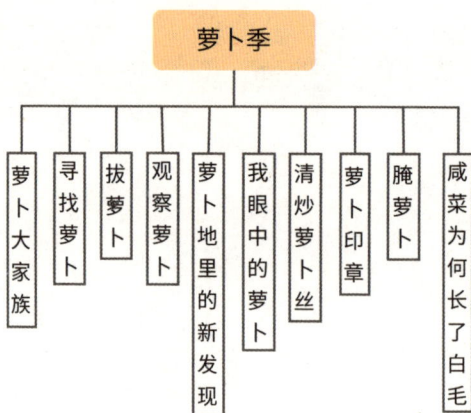

```
                        萝卜季
  ┌──┬──┬──┬──┬──┬──┬──┬──┬──┐
  萝  寻  拔  观  萝  我  清  萝  腌  咸
  卜  找  萝  察  卜  眼  炒  卜  萝  菜
  大  萝  卜  萝  地  中  萝  印  卜  为
  家  卜      卜  里  的  卜  章      何
  族              的  萝  丝              长
                  新  卜                  了
                  发                      白
                  现                      毛
```

三、主题活动总目标

1. 通过观察，了解萝卜的外形特征和生长环境。
2. 喜欢尝试和探索，积极运用多种感官感知萝卜的形、色、味等特征。

3. 喜欢玩萝卜游戏，在游戏中进行初步的点数、分类以及印章作画等练习。

4. 喜欢听故事、儿歌，并理解其大意。

5. 有模仿事物形象和动态的兴趣，喜欢参与角色扮演以及故事的复述与表演活动。

6. 养成不挑食的好习惯，喜欢吃萝卜食品。

7. 会随音乐做简单的律动，增强自我表现能力。

四、主题活动准备

1. 和幼儿共同上网查询有关萝卜的信息。

2. 进行拔萝卜的社会实践活动。

3. 及时在家长园地进行主题活动的互动。

五、主题活动实施过程

活动一　萝卜大家族

活动目标

1. 通过活动，让幼儿认识多种萝卜。

2. 知道每种萝卜有不同的功效和营养。

活动过程与实录

活动开始前，让家长在家里提前教孩子认识多种萝卜，丰富认知。

早上来到班里，我先和几个愿意去拔萝卜的孩子来到农场拔了一些胡萝卜和绿萝卜。回到班里，我把萝卜的叶子去掉，然后把萝卜洗干净，由孩子们自己切成小片。切好后，我先让大家观察萝卜切开后的样子，再通过品尝发现，不同萝卜的味道是不一样的。

孩子们自己动手切萝卜

萝卜拼盘

活动反思

通过本节活动课，孩子们认识了萝卜家族，并结合已有经验能够掌握胡萝卜、绿萝卜和白萝卜的名称。但幼儿对于月萝卜和水萝卜还没有太深的印象，只知道这两种萝卜切开后外面和里面的颜色不同。教师还需在下一阶段的活动中继续巩固幼儿对萝卜的认识，更好地完成活动目标。

活动二　寻找萝卜

活动目标

1. 通过观察和比较，区分胡萝卜叶、绿萝卜叶、香菜叶、白菜叶之间的不同。
2. 培养幼儿认真倾听的习惯。

活动过程与实录

在活动开始之前，我和小组里的老师一起讨论开展什么主题活动。经过多方探讨，我们最终选择了"萝卜季"主题活动。因为我在提前观察时，发现农场里种植了胡萝卜和绿萝卜。

去小农场喽！出发之前，我向孩子们说明我们的任务是寻找认识的萝卜。他们听到任务以后，在路上就开始讨论起来。涵涵说："老师，我吃过萝卜。"很多孩子也纷纷说自己也吃过。那我们就仔细看看萝卜长什么样子吧！刚进农场，孩子们就高兴起来。大家看到水稻长高了，也长出了稻穗。水稻的斜对面是胡萝卜，遥遥指着胡萝卜大声说："老师快看，香菜。"有好几个孩子也围了上来。我没有告诉孩子们这是胡萝卜，而是带着他们顺着"彩虹隧道"继续向前走。当路过白菜地时，书豪指着白菜兴奋地说："老师，我发现萝卜了。"紧接着，暖暖、栋栋也指着白菜说看见萝卜了。当时，我心里想：这次开展的主题活动太有必要了！同样，我没有告诉孩子们这是白菜，而是让他们自己去发现真正的萝卜。

过了几分钟，子茹跑到我身边悄悄告诉我，她发现了一个很小的萝卜。我瞪大了眼睛，表现出很兴奋的样子："在哪儿呢？带老师去看一看。"子茹拉着我的手来到绿萝卜地里的中

"这是什么菜呀？"

间部分，指着一个刚刚露出头的绿萝卜让我看。为了表扬子茹这一"伟大"发现，我大声地说："子茹，你太棒啦！"紧接着给了她一个大大的拥抱。我的这一举动对其他孩子来说，可是一个很大的激励！很多孩子都围过来看这个小萝卜，然后更加积极地去寻找萝卜。

牛爷爷在给孩子们讲解

我们的寻找活动被农场管理员牛爷爷看在了眼里，于是我请牛爷爷给孩子们讲了讲胡萝卜叶、香菜叶、白菜叶、绿萝卜叶之间的不同。经过牛爷爷认真的讲解，大家明白了——原来白菜地的旁边是香菜。牛爷爷说："香菜有一种特殊的香味，大家可以闻一闻。"孩子们大口吸气，认真地闻了起来。我指着身后的那一片胡萝卜地问他们："这也是香菜吗？"有的孩子没有认真思考就脱口而出"是"。我让大家蹲下来，仔细闻一闻。接下来，孩子们通过观察叶子和闻味道，正确区分出了香菜叶和胡萝卜叶。

活动反思

在本次活动中，可以了解到孩子们的认知水平——他们对萝卜之类的蔬菜不太熟悉。以后，我将带领孩子们认识实物，家长们则在生活中引导，从而让孩子们从外形上正确区分胡萝卜和绿萝卜。

活动三　拔萝卜

活动目标

1. 让幼儿理解故事内容。
2. 让幼儿感受团结合作的力量。

活动准备

老公公、老婆婆、小姑娘、小狗、小猫、小老鼠等胸饰若干，萝卜胸饰若干。

活动过程

《拔萝卜》这个故事可以说是家喻户晓，但是我今天还是要讲给孩子们听听，不只因为它的经典性，更多的是让孩子们感受团结合作的力量。课上我直接播放了《拔萝卜》动画片：画面清晰，人物形象鲜明，利于幼儿理解和模仿。欣赏结束后，我让孩子们复述故事情节，在复述过程中关注每个能力阶段的孩子。比如对于语言表达能力很强的自雨来说，这算不上什么难题；可是对于不爱表达的博涵而言，就比较困难了。于是，我在接下来的故事表演中给予了博涵充分的展现机会，哪怕没到他讲的时候我都鼓励他积极地表达。通过表演故事，孩子们不仅锻炼了表演能力，更重要的是巩固了复述故事的语言表达能力。

欣赏故事《拔萝卜》

最后一个环节是绘画故事《拔萝卜》，我把今天的绘画活动放宽要求：续编的《拔萝卜》故事可以是单幅的，也可以是连环画的形式。

《拔萝卜》绘画作品

活动反思

本节活动课中我先给孩子们讲述一遍故事，观看动画片后再让孩子们复述故事内容，最后通过绘画的形式加深孩子们对故事的理解。通过对这个故事的学习，孩子们懂得了团结合作能更好地完成任务，在合作中要学会主动帮助别人。

活动四　观察萝卜

活动目标

1. 通过活动，幼儿能够认识多种萝卜。
2. 知道不能随便去拔萝卜。

活动过程与实录

1. 以谈话的形式导入。

"孩子们，你们吃过什么样的萝卜？它们是什么味道的？"许多孩子举起了小手，迫不及待地想回答。我让平时不太爱说话的轩轩回答，轩轩低声说："我吃过胡萝卜，它的味道甜甜的。"我对轩轩的回答表示肯定。博瑶也抢着回答："我还吃过红萝卜呢！"接下来，好多孩子都加入了讨论的行列。

2.带领孩子们再次进入小农场观察萝卜。（提前交代好任务：观察萝卜长大了吗？）

几天后，我们带领孩子们再次去观察萝卜。刚进农场，他们就惊喜地大喊："胡萝卜长高了！"再往里走就是大片的绿萝卜，它们已经钻出了泥土，露出可爱的"面庞"。

金鲤发现了一个大萝卜，大声叫我过去看一看，大家也都好奇地围上去想看个究竟。接下来，孩子们更加积极地寻找萝卜，在很短的时间里，有更多的萝卜被发现。

但是随之问题出现了，孩子们找萝卜的情绪高涨，有的孩子情不自禁地把萝卜拔出来了。于是我围绕这件事对大家进行了教育，并把拔出来的萝卜和叶子拿去喂了小动物。

"我拔出来萝卜啦！"

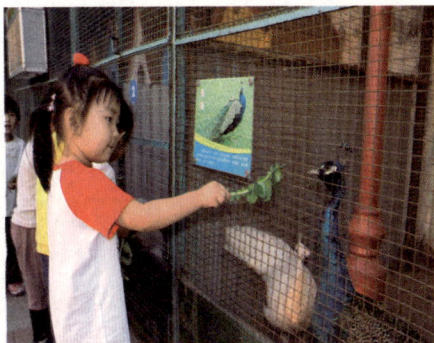

"来，孔雀请吃菜！"

活动反思

本次活动中，孩子们观察得仔细、认真，但是在这个过程中有孩子不小心把萝卜拔出来了。我抓住这一现象对幼儿进行了教育，做出正确的引导，并合理利用这些萝卜生发了新活动——喂食动物。在喂小动物之前，我先考一考大家：哪些动物会吃萝卜？让他们通过自己去喂食，来验证自己的猜测。

活动五　萝卜地里的新发现

活动目标

1.培养幼儿认真观察的习惯。

2.让幼儿通过观察知道蜗牛是吃萝卜叶子的害虫。

活动过程与实录

萝卜地里一片热闹，孩子们都在为自己的新发现而自豪——胡萝卜的变化很大，个个都变粗了。

东旭也有了一个新的发现——他发现有个萝卜的叶子上有洞。我把孩子们都叫过来，一起观察叶子上的洞，并讨论：洞是怎么来的？有的孩子说是虫子咬的，有的孩子说是大风刮的……各种说法都有。

为了证明谁的说法对，我们到班里查阅了资料。资料上的大部分说法是蜗牛吃的洞，于是孩子们又去请教有经验的牛爷爷。牛爷爷说："萝卜不生虫子，我不打药，上面的洞是蜗牛吃的。"为了证实这个说法，我打算和孩子们一起去寻找蜗牛。

寻找蜗牛之前，我先和孩子们一起讨论：谁会吃萝卜叶子？他们说出了好多答案，如虫子、飞蛾、小狗等。

在萝卜地里，大家都不知道从哪里找，无从下手。但是细心的沛霖找到了第一只蜗牛，我对他的发现大加赞扬，并问他是在哪里找到的。他说是在萝卜的叶子底下。其他孩子通过认真寻找，也找到了蜗牛。在寻找蜗牛的时候，栋栋发现了一个有大洞的萝卜，几近发黑。"这也是被虫子吃的吗？"书豪也拿了一个带竖黑沟的萝卜给大家看。是什么原因造成的呢？我们拿着萝卜给牛爷爷看，牛爷爷说这是夏天下大雨的时候，雨水把萝卜冲成这样的。我和孩子们恍然大悟，原来雨水大了对萝卜的伤害也很大。最后大家在萝卜地里都找到了蜗牛，证实了蜗牛是吃萝卜叶子的害虫。于是我让孩子们把蜗牛带到班里继续观察，看看它是不是还吃其他叶子。

找到蜗牛了

发现萝卜上的大洞

活动反思

　　在本节活动中，我先把任务交给幼儿，然后让幼儿自己去寻找答案。在寻找的过程中，幼儿通过细心观察，又发现了新问题，并通过大家讨论和请教有经验的牛爷爷，及时地解决问题。

活动六　我眼中的萝卜

活动目标

1. 通过观察，了解萝卜的颜色、外形特点。
2. 会用简单的平涂等方法画萝卜。

活动过程与实录

　　孩子们从地里收获来的萝卜，大小、形状各不相同，为什么会出现这种情况呢？听牛爷爷说因为降雨太多，好多萝卜的形状都会发生变化。为了验证这种说法，我发动大家一起搜寻答案。大家搜寻了很多答案，有的说是受土壤、阳光的影响，有的说是水浇太多的原因……我从网上搜寻的答案大致如下：

　　1. 萝卜的播种时间没掌握好，选择的种子放得时间太长，发芽的能力不足；或者种子发芽后气温发生变化，不适合生长。所以在种萝卜的时候，需要选择一些新鲜的种子，而且抗寒的能力要强。

　　2. 根裂，就是萝卜出现了裂痕。萝卜的根部水分不充足，就容易导致根裂。所以在种植期间，要勤观察田地里的情况，及时浇水，为萝卜的生长提供充足的水分，防止土壤的湿度不够。此外，在选择萝卜品种的时候，也可以选保水能力好的种子，防止根裂的发生。在采收萝卜的时候，它的根部上端常常会裸露在地面，只看这部分没有问题，可是当把它整个从土里挖出来后就会发现，有些萝卜的根部出现了分叉的情况，不易存放太长时间，这是因为侧根多了，消耗的营养也比较多。

　　3. 施肥及肥料的选择。如果肥料选择得不准确，或者是耕地时耕得太浅，就会导致萝卜的根部受到损伤，造成萝卜分叉。所以在施肥时最好选择一些农家肥，翻整土地时注意不要损伤到根部，同时要控制水肥的用量。

　　孩子们了解了萝卜发生变化的原因后，开始选择自己喜欢的萝卜进行表征绘画，并就自己以后想种植什么样的萝卜这一问题进行了讨论。

观察分叉的萝卜

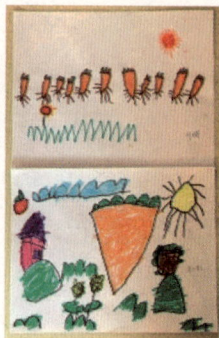

《我眼中的萝卜》绘画

活动反思

本节活动中，孩子们通过观察实物，了解了各种形状的萝卜，并用灵巧的小手对自己喜欢的萝卜进行了表征绘画。从孩子们的作品中，我发现他们的绘画水平提高得很快，这与我们平时在美工区开展的延伸活动是密不可分的。

活动七　清炒萝卜丝

活动目标

1. 让幼儿了解萝卜的多种吃法以及炒菜的基本步骤，喜欢上吃萝卜。

2. 培养幼儿勤于动手动脑的能力。

活动准备

萝卜、油、葱花、电饭锅、盐等。

活动过程

早上和孩子们一起到小农场拔萝卜，他们很兴奋，一路上叽叽喳喳地说个不停。刚来到萝卜地，就听到闹闹说："老师，我今天要拔一个最大的萝卜！"其他孩子也跟着说："我也要拔一个最大的！"接下来，大家就开始用尽全力拔萝卜了。大部分萝卜是立着或者躺着的，很容易拔出来，不一会儿大家就拔了十几个萝卜。

回到班里孩子们开始择萝卜叶、洗萝卜，这些都难不倒他们。接下来的切萝卜丝是难点，我担心孩子们不会用刀，但这也是一个教育的契机。我在切萝卜丝的时候，先让他们仔细观察，之后让有能力的孩子尝试着去切。没想到孩子们的能力超出我的想象，虽然切得很慢，形状很不规则，但是孩子们在动手体验的过程中，大大提升了自信心和动手能力。

活动前一天，我给孩子们布置了一个小任务：回家请教家长清炒萝卜丝需要哪些食材、哪些作料、哪些步骤。终于到了孩子们最期待的炒菜环节，我先提前把油、葱花、花椒、八角、盐、味达美等食材、作料以及炒菜用的电饭锅准备好，然后让孩子们分组讨论炒菜步骤，讨论结束后每组选出一个代表说出本组的建议。接着我向孩子们介绍了食材、作料和炒菜步骤：首先打开电饭锅，等锅变热，再往里面倒油；油变热后，再放入葱花、八角和花椒；最后放入切好的萝卜丝，并不断翻炒。书豪和悠悠很想参与翻炒萝卜丝这个环节，于是我请他俩上来翻炒，他俩的动作还真像那么回事。暖暖在一旁说："你们得倒些水进去，不然菜会煳的。"这算是一个生活经验，肯定是家长告诉孩子的。我把暖暖这个建议告诉大家，让大家讨论炒菜的时候需不需要添加水以及什么时候萝卜丝才能出锅。但"出锅"这个问题对于他们有点难，只能留给大家以后讨论，我先提示大家：只要萝卜丝用铲子铲一下能断开，就算是熟了。临出锅时我把盐和香油倒入锅内，阵阵香气扑鼻而来。孩子们欢呼起来，终于能吃上自己动手烹制的菜啦！

孩子们自己动手炒菜

清炒萝卜丝出锅啦！

活动反思

这是一节幼儿很喜欢的活动课。通过让幼儿亲自动手炒菜，我们充分调动了幼儿参与活动的积极性。本节课最大的收获是，孩子们爱上了吃萝卜。

活动八　萝卜印章

活动目标

1. 幼儿知道萝卜可以刻成章，用来作画。
2. 享受萝卜拓印的乐趣。

活动准备

萝卜印章、颜料和调色盘。

活动过程与实录

萝卜印章是为幼儿园的拓印作画准备的。为了让本次活动顺利进行，我提前在班级群发了通知，请家长们为本次活动做好充分的准备。接到通知的家长们立刻行动起来，并且把做好的印章发到群里供大家参考。第二天早上，孩子们把做好的印章带到了班里，我看到后，从心里佩服家长们对我们工作的支持和帮助。拓印之前，我先请孩子们介绍自己的印章名称以及制作的过程，然后把拓印注意事项告诉大家，接下来请大家自己选择颜色作画。孩子们在活动过程中很投入，不一会儿，一幅幅作品就呈现在了眼前。我把孩子们的作品粘到展板上，让大家互相介绍自己的印章故事。

漂亮的萝卜印章　　　　　　　　　　　　开始拓印

活动反思

幼儿看到用萝卜雕刻出的各种印章，都很喜欢，而且都瞪大了眼睛去看，一定程度上感受到了萝卜雕刻的魅力。在萝卜印章拓印环节，有的幼儿虽然感受到了拓印的美，但还不能用语言表达出来。所以把自己的切身感受用语言表达出来是我班幼儿的弱点，需要教师在这方面多下功夫，尽量多给幼儿提供表达的机会。

活动九 腌萝卜

活动目标

1. 幼儿知道腌萝卜的材料和工序。
2. 幼儿知道萝卜的吃法，并喜欢上吃萝卜。

活动准备

萝卜、油、八角、酱油、醋。

活动过程与实录

1. 洗萝卜：孩子们将拔出来的萝卜进行清洗。有些孩子两只手捧着萝卜，在水龙头下面将萝卜从头冲到尾。康慈、川川等在研究萝卜上面的须须，试图用手拔下来再进行冲洗，之后在我的提示下才放弃了研究，很认真地清洗起来。怡怡一手拿着萝卜，一手用小指甲不停地在萝卜皮上面轻轻滑过。琪琪用指甲一直在抠萝卜皮上面的一个黑点，边抠边问我："老师，它怎么还是黑的？"我解释说："这是萝卜皮上面原本就有的，待会我们拿刀切掉就行了。"我发现虽然每个孩子的洗法各不相同，但最后洗完时，都知道将萝卜甩干了再拿出去，避免将水滴到地上。

"萝卜丰收啦！"

动手切一切

2. 切萝卜：接下来开始切萝卜了，孩子们在用刀时千万要小心。在我的示范下，孩子们一手抓住刀柄，一手抓住萝卜，小心地切起来；使用完刀具后，他们再很小心地将刀放回盘子里。

准备撒盐

浩大的工程终于完成啦!

3. 腌萝卜: 切完萝卜丁、萝卜块, 就要开始腌制萝卜了。在腌制萝卜之前, 我给孩子们播放了一段腌制萝卜的视频。遥遥和书豪观察得最仔细了, 能跟其他小朋友说出视频中所讲到的每一个细节。

腌萝卜的步骤: 首先把盐和萝卜充分搅拌, 腌制一晚上, 等第二天再把萝卜捞出晾干, 然后装进瓶子里, 倒入汤汁。我已经把盐准备好了, 就差孩子们自己动手操作了。孩子们是小组合作腌萝卜。桐桐那一组是将盐直接撒入放萝卜的盘子里, 然后用小手将萝卜和盐搅拌一下。可是这样萝卜上的盐就不均匀了, 腌制出来的萝卜会非常咸, 怎么办呢? 桐桐那组的小朋友就将萝卜拿到手上, 用小手将萝卜上面的盐抹得均匀一些; 遥遥那组的小朋友则是每个人都将萝卜拿到手上, 一手抓萝卜, 一手抓一把盐, 将萝卜放在手心里打滚。孩子们给萝卜抹完盐, 放到盆里, 等到第二天再捞出晾干, 最后装进自己带的瓶子里。可是孩子们腌制萝卜所需要的材料怎么办? 这就需要老师给孩子们烹制好汤汁, 等到完全凉透后再倒入放萝卜的瓶子里, 腌制一个星期就可以了。

萝卜装瓶

添置汤料

封装完成

活动反思

让孩子们在活动中全程动手参与，是本节活动的一大亮点。从一开始的拔萝卜、洗萝卜，到后来的切萝卜、腌萝卜，都是孩子们自己动手完成，让他们获得极大的成就感，好像自己学会了一项很大的本领。晨晨奶奶告诉我，晨晨在家里突然要吃咸菜，吃饭的时候吃了好多，吓得她把咸菜藏起来了。看来孩子们又喜欢上吃萝卜咸菜了，但是不能让他们吃太多。

活动十　咸菜为何长了白毛

活动目标

1. 培养幼儿的观察能力。

2. 了解咸菜长毛的原因。

活动过程实录

前几天，郭老师到我们班里来拍照，看到我们窗台边的咸菜，笑着对我说："你们的咸菜都长毛了，快扔了吧！"我其实早就发现这个问题了，但是就这样扔了觉得非常可惜。崔老师提议说："我们可以让孩子们来观察一下，思考一下咸菜长毛的原因。"这一点和我的想法不谋而合。我们几位老师根据自己的经验，总结出了原因：盐放少了；萝卜条脏了。

我们又在网上查阅了资料，找到了更科学的原因：一是咸菜没有达到足以抑制细菌生长的咸度（一般食用咸菜的咸度为 9% 左右，如果咸度太高，将难入口），各种微生物仍在活动，从而导致长毛现象。二是咸菜在腌制加工过程中，灭菌工作做得不到位，让多种有害细菌残留其中，就容易变质。

腌咸菜是一道美味的菜肴。腌制就是让食盐大量渗入食品组织内部，以达到贮藏食品的目的。这些经过腌制加工的食品称为腌制品，有腌咸菜、腌肉、腌禽蛋、腌制黄瓜、腌萝卜等。

如果不是白毛而是白沫，那应该是发酵产生的，没多大问题，放点红糖、冰糖或适当倒点白酒进去，尽量避免用沾油的筷子或手捞菜，一定要用干净的器具捞菜，就不会有白沫了。

查阅了资料后，我把咸菜搬到桌子上，让孩子们围坐在桌子旁边观察。为了让孩子们近距离地观察咸菜，我把瓶子盖拧开。遥遥发现了白毛，说："里面的白毛，像棉花糖一样。"听起来真是一个很贴切的比喻,可是它的味道把很多孩子都熏得捂住了鼻子。我们接下来开始讨论,咸菜为什么会长毛?栋栋说咸菜过期了,书豪说盖子没拧紧……看来这与孩子们平时的经验密不可分。暖暖站起来说:"老师,我们可以重新做一罐。"于是我们接着讨论第二个问题:长毛的咸菜能不能吃?孩子们都说不能吃了,我从网上查阅的结果是,将白毛倒掉,然后倒上白酒,撒上盐,就可以吃了。但为了安全,咸菜长毛后尽量不要食用。

"咸菜怎么长毛啦?"

观察咸菜毛的颜色和形状

活动反思

这是一节典型的生成活动,孩子们亲身经历后,自然能够产生颇多感触。我先让孩子们观察,再让他们发表个人的看法,最后得出较为正确的结论。整个过程,孩子们积极参与,善于动脑去思考,为以后的生活积累经验。

六、主题活动总反思

（一）教师方面。

1.能够抓住幼儿的兴趣点、发展的需要和家长的需要,构建主题活动。

2.在活动中调动了幼儿参与活动的积极性。

3.能够有层次地开展主题活动。

（二）幼儿方面。

1.幼儿能够积极参与自己感兴趣的活动。

2.幼儿的语言表达能力大有提高,比如在复述、表演《拔萝卜》故事的活动中,幼儿不仅能够复述故事,还能模仿不同人物的特点进行表演,这对于幼儿来说是一个明显的进步。

3. 幼儿归类意识增强。主要表现：在把萝卜按粗细归类的活动中，幼儿能够正确区分并进行归类。

4. 幼儿的观察能力和动手能力得到显著提高。主要表现：在绘画、清洗、切菜、腌制、拓印萝卜等方面都有所体现。

反思"萝卜季"主题活动，预设的七条目标基本完成。但就这几条目标，教师应该深入挖掘，并再次对照《纲要》和《指南》来丰富主题中的活动。同时还应该使每个活动都有内涵，而不是蜻蜓点水——一带而过。我们认为在整个活动中，效果最好的应该是拔萝卜和腌萝卜的环节，无论是"说""画"还是"做"，幼儿的表现都很积极，很快乐，很愿意参加这些活动。如果在其他活动中，教师也能运用多种形式激发幼儿的参与兴趣，活动的效果应该会更好，幼儿也能够获得更多经验。

有趣的蜗牛

王玉　宫英梅　孙丽芳

一、主题活动设计意图

　　入秋之后，一连下了几天的雨，孩子们在教室里都快闷坏了。雨过天晴，我立刻带孩子们来到大沙池玩，雨后的沙池最好玩了。在大家玩得很投入的时候，冉冉手捧一只蜗牛走过来让我看，近处的几个孩子看到了，也纷纷围过来，还你一言我一语地讨论起来。"咦，秋天还有蜗牛啊？"乐乐好奇地问。"以前怎么没看到？"石头发出疑问。"蜗牛为什么在这里？"依依也提出了自己的问题。"老师，我知道，是因为下雨了。以前下雨的时候，我家门前就有蜗牛。"宇泽瞪大了眼睛抢答。"老师，我看蜗牛好像饿了，咱们把它带回去，喂它点吃的吧？沙池这里没有吃的。"这正是"亲近自然"课题很好的切入点，于是我们提议孩子们把这只蜗牛带回活动室饲养起来。

二、主题活动网络图

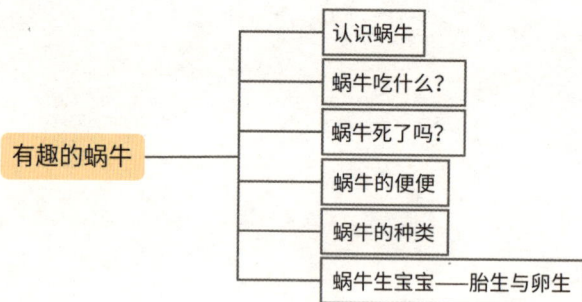

```
                              ┌─ 认识蜗牛
                              │
                              ├─ 蜗牛吃什么？
                              │
                              ├─ 蜗牛死了吗？
         有趣的蜗牛 ──────────┤
                              ├─ 蜗牛的便便
                              │
                              ├─ 蜗牛的种类
                              │
                              └─ 蜗牛生宝宝——胎生与卵生
```

三、主题活动总目标

1. 培养幼儿观察蜗牛的兴趣，乐于饲养蜗牛，探索蜗牛的饲养方法。
2. 初步了解一些关于蜗牛的常识，培养幼儿关心、爱护小动物的情感。
3. 初步培养幼儿探究问题的科学态度，使幼儿获得一些亲身的探究体验。
4. 初步培养幼儿提出问题、分析问题、解决问题的能力。
5. 充分了解蜗牛的外形特征，并能用绘画、泥工等方式来表征。
6. 通过对蜗牛的认识，提高幼儿用较准确的语言进行描述表达的能力。

四、主题活动准备

1.物质准备：计算机、实物投影仪、废旧的橡皮泥盒子、太空泥、A4纸、彩笔、沙子等。

2.经验准备：幼儿熟悉蜗牛的外形和生长特征；知道鸡、鸭、鹅都会下蛋；知道小羊、小马是怎么生出来的。

3.知识准备：幼儿能辨别土壤或沙子的潮湿与干燥，懂得氧气对动植物呼吸的作用。

五、主题活动实施过程

活动一　认识蜗牛

活动目标

1.认识蜗牛，了解蜗牛的外形特征。

2.萌发对小动物的探究兴趣，喜爱身边的小动物。

活动准备

蜗牛、实物投影仪。

活动过程

1.认识蜗牛的外形特征。

教师：蜗牛是什么样子的？

幼儿：蜗牛背上有壳，是圆形的，像棒棒糖。

幼儿：蜗牛还有触角。

教师：蜗牛有几只触角呢？

幼儿：四只。

教师：别着急，仔细观察一下再告诉我答案。

幼儿：它的触角怎么有两只长长的、两只短短的？

幼儿：长的是蜗牛的眼睛，短的才是触角，我妈妈给我讲了。

捡到的蜗牛

教师：对，小朋友们观察得很仔细，蜗牛背上有壳，一圈一圈的像棒棒糖的纹路，呈螺旋形。蜗牛有两只眼睛，两只触角。蜗牛的身体软软的，当它受到惊吓的时候就会缩进壳里。

2. 探索发现蜗牛的脚。

在我们探讨蜗牛外形特征的时候，蜗牛从树叶上爬到了纸上。

乐乐说："蜗牛逃走了，快把它捉回来。"

西西说："老师，蜗牛有脚吗？"

石头说："蜗牛没有脚吧？"

董董说："蜗牛没有脚。"

蜗牛到底有没有脚？我们一起观察一下吧。我们左看右看，怎么看也没弄清楚蜗牛到底有没有脚，这可怎么办？

西西说："老师，上网查一下吧，我妈妈会从网上搜故事给我听。"

对啊，上网查一下。

查找相关资料后，我们知道：蜗牛虽然看起来没有脚，但却可以在光滑的垂直面上爬行。仔细观察的话，能看到它在用紧贴地面的肚子爬行。其实蜗牛也有脚，它的脚具有吸附性，而且只有一只。但这个脚和人、狗、蟋蟀之类的脚是不一样的：腹部就是它们的脚，这是一种特殊的脚——腹足。

上网搜索的时候，孩子们又发现蜗牛爬过的树叶上有一条亮亮的线，这是什么呢？我们搜索了一下，原来这是蜗牛足腺分泌出来的腺体，是为了减少爬行阻力的。

3. 给蜗牛安一个新家。

问题解决了，让蜗牛住在哪里呢？

乐乐说："放在纸盒里吧。"

西西说："放在玩具小篮子里。"

冉冉说："放在瓶子里。"

……

最后，大家一致同意把蜗牛放在圆筒形的橡皮泥盒子里。

观察蜗牛的触角

观察蜗牛的足

蜗牛的新家

活动延伸

请幼儿回家后，在家长的帮助下了解有关蜗牛的更多知识。

活动反思

第一次与蜗牛近距离接触，孩子们特别兴奋，观察得也很仔细。孩子们发现蜗牛有两个触角，如果碰到蜗牛的触角，它就会立即躲进壳里，还发现了蜗牛的壳上有一圈圈的纹路。孩子们还谈到了蜗牛吃什么、蜗牛会不会长大等问题，我没有直接告诉他们答案，而是让他们带着问题去探究。

活动二　蜗牛吃什么？

活动目标

1. 尝试饲养和照顾蜗牛，观察蜗牛的饮食习惯。
2. 乐意和老师、同伴交流自己的发现，体验交流与发现的快乐。

活动准备

蜗牛、带蜗牛喜欢吃的食物。

活动过程

1. 猜测蜗牛喜欢吃什么。

提问：你们知道蜗牛爱吃什么吗？

乐乐说："蜗牛爱吃树叶。"

冉冉说："蜗牛爱吃青菜。"

妮妮说："蜗牛爱吃胡萝卜。"

格格说："蜗牛喜欢吃白菜。"

宝宝说："蜗牛爱吃饼干，我也喜欢吃。"

星星说："蜗牛喜欢吃馒头。"

茜茜说："蜗牛喜欢吃青草。"

孩子们纷纷猜测着蜗牛爱吃的食物，我便鼓励他们根据自己的猜测为蜗牛带食物。

第二天虽然有孩子为蜗牛带来了食物，但是没有我预想的多：茜茜带来了青草，凡凡带来了树叶，格格带来了白菜。

格格、凡凡、茜茜给蜗牛带来的食物

2. 先给蜗牛喂哪种食物呢？

这时候，意外发生了——当我们去给蜗牛喂食物时，发现蜗牛不见。蜗牛干什么去了呢？"蜗牛逃跑了。"石头说。

"蜗牛为什么要逃跑？"我问大家。

"晚上黑，蜗牛害怕了。"乐乐说。

"蜗牛找家去了。"佳晨说。

"蜗牛找妈妈去了。"依依说。

"蜗牛钻进土里去休息了。"毅毅说。

"蜗牛爬到树上去了。"乐乐说。

大家你一言我一语地争论着。此时，西西大声地说："老师，这个盒子没有盖子，所以蜗牛爬走了。"这一下，大家如梦初醒！是呀，这个盒子没有盖子，所以蜗牛爬走了。

发现蜗牛没有了

找到了问题所在，就要解决问题，于是我们决定为蜗牛更换新家。孩子们从区域中搜寻着，最后确定用装橡皮泥的方盒子比较好——体积大，还有盖子。

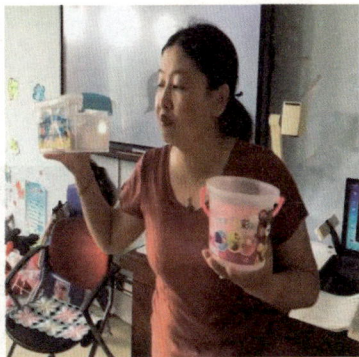

给蜗牛找到了新家

喂蜗牛白菜吃

有了新家没了蜗牛，怎么办？不着急，今早上石头从家里带了只蜗牛来，我事先把它藏在另一个小盒子里了，是时候让蜗牛登场了。有了蜗牛就给它喂食物吧，经过大家的同意，先给蜗牛喂白菜吃。

活动反思

经过和孩子们一起观察蜗牛，发现问题、解决问题，我真正体会到了以幼儿为主体，顺应幼儿的天性，为幼儿的探究活动创造宽松的环境，让每个幼儿都有机会去参与并尝试，是多么重要。幼儿的科学教育是启蒙教育，重在激发幼儿的认识兴趣和探究欲望。其实我对蜗牛吃什么也不是很清楚，能够和孩子们一起探究，真的非常值得。

接下来的时间，孩子们每天都观察、照顾蜗牛，成了习惯。早上来了，有的孩子会主动去观察蜗牛，看看它还在不在，喂给它的食物吃了没有。又过了两天，我再次带孩子们去玩沙的时候，他们没有忘记上次蜗牛是在这儿找到的。于是有的孩子便去墙根、假山底下寻找蜗牛，果不其然，还真找到了几只。孩子们如获至宝，赶紧用玩沙的小桶装好，并且知道给蜗牛弄潮湿的沙子，把它们带回去一起饲养！

活动三 蜗牛死了吗？

活动目标

1. 培养幼儿善于观察、善于提出问题并解决问题的能力。
2. 进一步了解蜗牛的生活习性。

活动准备

沙子、玩沙玩具。

活动过程

蜗牛有了伙伴就不再孤单了，应该不会再逃跑了吧？可是事情进展得还是不顺利，异样的状况发生了：蜗牛不吃也不动，都贴在盒子上了。

怎么回事啊？小蜗牛死了吗？孩子们你看看我，我看看你，不知所措。毅毅很着急，他用小手去推蜗牛，想让蜗牛动一下，可是刚一推蜗牛就掉下去了。眼尖的乐乐高声说："蜗牛死了。""不会的。"冉冉说。"你看它的嘴巴让白色的东西堵住了。"顺着乐乐手指的地方看去，蜗牛真的是被白色的东西堵死了。"老师，这是为什么呀？""蜗牛为什么死了？"我一时也没了主意，只得上网查询。

不搜不知道，原来蜗牛喜欢潮湿的地方，特别是土壤和沙子的温度、湿度要适宜。原来如此，发现问题要赶紧解决。小朋友到沙地里取了沙子，还用玩沙的小筛子把沙子里的树叶、石子等都弄干净了，然后又浇了点水使沙子变得潮湿。一切准备就绪，请蜗牛住进新家吧！此外还要注意温度，不要放在南边朝阳的窗台，要放在北边阴凉的窗台上。小朋友们干完活如释重负，期待着结果。

第二天一入园，孩子们便迫不及待地去看蜗牛。"蜗牛没死。""蜗牛探出头了。"看着他们兴奋的样子，我也特别高兴。

"怎么少了一只呢？"皓柘说。"少了一只？又逃跑了吗？"西西问。"请你们仔细观察一下。"我说。孩子们很认真地观察了一下，还一遍一遍地数了数，生怕数错了；

蜗牛不动了，它的口被白色的膜封住了

加水使沙子潮湿

蜗牛没有死，都探出头了

有的小组还把菜都拿出来寻找蜗牛，但整个教室都找不到。最后，在老师的指导下，西西找到了那只藏在沙子里的蜗牛。这下四只蜗牛都找到了，孩子们还给蜗牛们起了名字：蜗牛爸爸、蜗牛妈妈、蜗牛姐姐（哥哥）、蜗牛弟弟（妹妹），这些都是孩子们根据自己的家庭成员情况确定的。从此，蜗牛一家过着幸福的生活。

观察蜗牛吃菜叶

观察菜叶上的洞

活动反思

通过这次活动，我深刻认识到实践操作对幼儿的意义，那是课堂知识无法实现的，是教师用再多的语言也说明不了的，唯有亲身感受才最真切，由此获得的体验和收获才会刻进幼儿的记忆深处。

活动四　蜗牛的便便

活动目标

1. 培养幼儿热爱科学、乐于钻研的精神。
2. 知道蜗牛吃的食物颜色与便便颜色的关系。

活动准备

绿叶菜、胡萝卜、肉丸子等。

活动过程

几天过去了，蜗牛会有什么情况发生呢？今天早上我刚进活动室，石头和冉冉就跑过来说："老师你快看，蜗牛吃了好多菜叶，叶子上有好多洞。"我跟着他们一同前往观察，发现叶子上真的有好多洞。"老师，蜗牛还拉便便了。"冉冉说。"什么？蜗牛也拉便便？"乐乐赶紧问。"在哪儿？"石头也忙上前问。"这不是吗？叶子上这些绿色的就是。"冉冉指着叶子上一小坨一小坨绿色的东西说。我仔细一看，还真是蜗牛的便便。

蜗牛吃绿色菜叶后的便便

"蜗牛的便便和菜叶一个颜色，蜗牛吃什么颜色的食物就拉什么颜色的便便，我家有一本书上就是这样写的。"冉冉说。原来冉冉知道那么多关于蜗牛的知识，我向冉冉竖起大拇指。"真的吗？"西西跑过来问。见西西半信半疑的样子，冉冉着急了："书上就是这样写的。"看着孩子们争论不休，我便提出了一个想法："咱们一起来做实验吧？你们可以拿不同颜色的食物来喂蜗牛，看它是不是拉了相同颜色的便便。"

第二天，承昊带来了肉丸子，我便把肉丸子切成薄片，让孩子们喂给蜗牛吃。

隔了一天就有惊喜发生了。下午起床后，丫丫问我："老师，我可以去看看蜗牛吗？""可以呀。"过了一会儿，丫丫跑过来兴奋地说："老师，蜗牛吃肉丸子了。"我赶快过去看看，其他孩子听到了也一哄而上。然而人太多了，

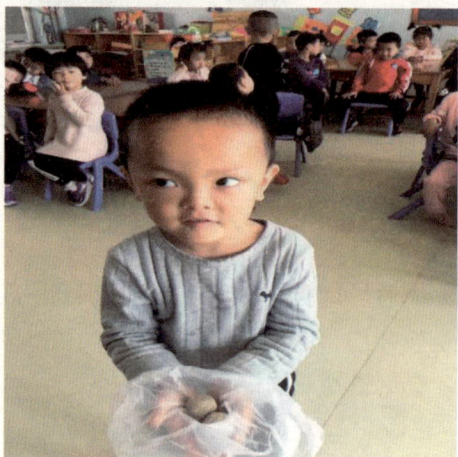

承昊带来了肉丸子

有的孩子什么也看不见，我便把盛蜗牛的盒子拿到投影仪上，大家可以通过大屏幕观察蜗牛。"蜗牛真的吃肉丸子了！"西西惊呼道。"它会拉什么颜色的便便呢？"一语惊醒梦中人，孩子们赶快寻找蜗牛拉的便便。"我怎么没看到？"他们开始纷纷议论起来。其实我早就看到了，但是我没说，而是叫几个孩子上前来仔细观察。乐乐、毅毅都没发现。我又叫了承昊上前来看(这个孩子做事很认真、细心)，他左看看右看看，再上下仔细地看，最后在盒子的盖子上找到了蜗牛拉的便便，果真和肉丸子一个颜色，验证成功。

蜗牛咬肉丸的痕迹　　　　　　　和肉丸一样颜色的便便

接下来该喂什么颜色的食物呢？孩子们大多带的是白菜、油菜等绿叶蔬菜，没有其他颜色的食物。这时，安老师提醒大家小农场里种的有胡萝卜，不知道长成了没有。好，那就去小农场看看。

来到小农场，管理员牛爷爷帮孩子们找了几个大一点儿的胡萝卜。

回到活动室，孩子们把胡萝卜洗干净，切成片喂给蜗牛吃，然后静候佳音。

又过了两天，蜗牛果真没让我们失望——吃了不少胡萝卜，每片胡萝卜上都有洞，有的是好几个洞，有的连成了一个大洞。并且由于蜗牛这次吃得多，拉的便便也多，颜色当然是桔红色的，和胡萝卜一个颜色。这次孩子们都相信冉冉的话了，蜗牛真的是吃什么颜色的食物就拉什么颜色的便便。

小农场里，牛爷爷帮孩子们找胡萝卜

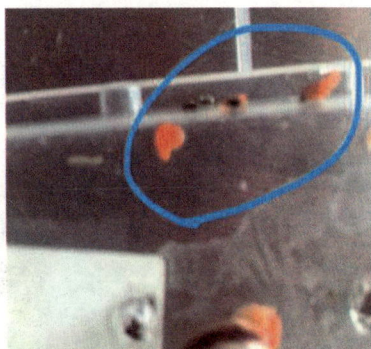

胡萝卜色的便便　　　　　　　蜗牛吃的胡萝卜洞真多

活动反思

在实验中,孩子们不仅亲手喂蜗牛食物吃,而且收获了可喜的实验结果,大家都很开心。作为老师,我没有给孩子们"授之以鱼",而是"授之以渔"。我身为孩子们成长路上的引路人,引领他们探究活动,启发他们动脑思考。

整个活动过程中幼儿都很兴奋,都带着自己的问题去实验,并且能够在实验中获得新的经验。

活动五　蜗牛的种类

活动目标

1. 激发幼儿科学探究的兴趣。
2. 引导幼儿爱动脑、勤思考,乐于从多方面获得知识。

活动准备

实物投影仪。

活动过程

周一的早上,我照常带孩子们去小农场观察我班种植的菠菜。格格在旁边的白菜地里发现了一只蜗牛,但是它和我们养的蜗牛长得不一样。有的孩子说是田螺,有的孩子说是海里的东西……众说纷纭。我便提议大家把它先带回活动室,仔细观察一下。

仔细观察两种蜗牛

两种不一样的蜗牛

回到活动室，我打开投影仪，让孩子们把捡到的蜗牛和之前的蜗牛放在一起对比观察，发现它们果真有不同的地方。"老师，那不是蜗牛吧？"毅毅问。"是田螺，我在烧烤店吃过。"乐乐说。"它头上有触角、有眼睛，身体软软的，和蜗牛一样。"格格辩解说。"咱们的蜗牛，壳是白色的，并且扁扁的；它的壳是高高的，黑黑的，不是蜗牛。"茜茜说。到底是不是蜗牛呢？还是查一查吧。我们上网一搜才知道蜗牛有好多种类，有大的有小的，有的壳上还有花纹、斑点，这下大家都明白了。既然是蜗牛，那就先养着吧。在接下来的时间里，我们又去了几次小农场，每次孩子们都能发现蜗牛。我们的蜗牛"大军"越来越庞大了，一个房间已经住不下了，还是分房吧！于是孩子们按蜗牛壳的颜色进行了分类，让蜗牛们分别住在两个盒子里。

活动六　蜗牛生宝宝——胎生与卵生

活动背景

周五上午，孩子们陆续到园，在区域里玩得很开心。依依突然指着蜗牛的盒子说："老师你看，蜗牛生宝宝了。"顺着她指的方向看去，果然在蜗牛旁边有一坨白色的圆圆的东西，我不得不佩服孩子们的观察力。其他孩子听见后也七嘴八舌地议论开来："老师，这是它的孩子吗？""老师，蜗牛怎样生宝宝？""蜗牛宝宝吃什么呢？"各种问题扑面而来，令我应接不暇。到底是不是蜗牛的宝宝呢？于是我上网搜了一下，果真有蜗牛产卵的视频，看了视频以后我和孩子们更加确信这是蜗牛的孩子了。蜗牛是雌雄同体，一只蜗牛也能产卵。自从发现蜗牛产卵以后，孩子们研究蜗牛的兴趣又高涨起来，每天至少去观察四五次，有的孩子还提出了其他问题：小狗怎样生宝宝、老鼠怎样生宝宝……看着孩子们疑惑的眼神，我决定组织一次教育活动，让幼儿了解一下动物的繁殖方式——胎生和卵生。

活动目标

1. 初步了解动物卵生和胎生的基本知识。
2. 激发幼儿对动物的探索兴趣及热爱小动物的情感。

活动准备

1. 几种胎生动物与卵生动物生宝宝的视频。
2. 小动物的图片若干。

活动过程

今天，我请了一位客人和孩子们一起上课，我先让大家听听它的声音，猜猜它是谁。

（播放小鸭子的叫声）

教师：对，是小鸭子。你们很喜欢小鸭子吧？这只小鸭子长大了，想去旅行，它想去看看外面的世界。在旅行中，它发现了许多小动物的秘密，你们想不想跟着小鸭子一起去看看这些秘密啊？那我们就跟着小鸭子一起去看看吧。

1. 卵生。

幼儿观看课件，了解蜻蜓、鸡、青蛙、乌龟四种动物出生的方式。（卵生）

（1）观看蜻蜓妈妈生宝宝的视频，提问：

小鸭子遇到谁了？蜻蜓妈妈在水面上一点一点地是在干什么呢？蜻蜓妈妈把卵生在了哪里？蜻蜓妈妈为什么要把卵生在水里？

教师：还有哪些动物和蜻蜓妈妈一样也是产卵的？（青蛙、鱼……）

（2）观看鸡妈妈生宝宝的视频，提问：

小鸭子看到了谁？鸡妈妈在干什么？

鸡妈妈把蛋放在身体的下面是在干什么？鸡妈妈是怎样生宝宝的？（卵→小鸡）

还有哪些动物像鸡妈妈那样也会生蛋呢？（鹅、鸽子、鸵鸟、孔雀……）

（3）观看青蛙妈妈生宝宝的视频，提问：

青蛙妈妈在干什么？青蛙妈妈把卵生在了哪里？青蛙妈妈为什么把卵生在水草上？青蛙妈妈是怎样生宝宝的？（卵→幼虫→青蛙）

（4）观看乌龟妈妈生宝宝的视频，提问：

乌龟妈妈在干什么？它把蛋生在了哪儿？它为什么要用沙子把蛋埋起来？它是怎样生宝宝的？（卵→乌龟）

（5）教师介绍卵生的含义，丰富词汇。

小结：像蜻蜓、乌龟这样，动物妈妈先产卵，小宝宝待在卵里，吸收卵里的养分慢慢长大，最后破壳而出，这种生宝宝的方式叫卵生，这类动物叫卵生动物。

2. 胎生。

简单了解动物的另一种基本繁殖方式：胎生。

卵生动物那么多，它们刚生出来的时候和妈妈长得像不像？（不像）

卵生动物生宝宝的方式真有趣，那是不是所有的动物都是卵生呢？有哪些动物不是卵生呢？（小白兔）

你还知道有哪些小动物和小白兔一样，是在妈妈的肚子里长大，生出来就跟妈妈长得很像？（小马、小羊等）

这些动物宝宝刚出生的时候，吃什么呢？

小结：像小白兔这样，在妈妈肚子里靠妈妈给它传输的营养慢慢长大，最后直接从妈妈肚子里生出来，这种生宝宝的方式叫胎生，这类动物叫胎生动物。

3. 请幼儿观察动物图片，进行分类。

教师：老师还给你们准备了许多美丽的图片，我们一起来看一看。

小结：卵生动物那么多，它们出生的秘密就是，妈妈把它们生下来的时候是卵（蛋），小宝宝待在卵（蛋）里，吸收卵（蛋）里的营养慢慢长大，最后破卵（壳）而出。胎生动物也有很多，它们出生的秘密就是，生下来就和妈妈长得很像，吃妈妈的奶长大。

活动反思

主题活动进行到这里，我以一个合作伙伴的角色参与到孩子们的活动中去，我开始学习"等待"，而不是一味地评论谁的对错，不轻易地介入和干涉他们的活动。因为观察其实也是一种指导，教师只有了解幼儿的活动进展情况，才能及时地调整自己的活动计划，为下一次的活动延续做准备。看到孩子们这种认真执着的精神，我真为他们感到高兴，同时也希望他们能够永远保持这种好奇心，在大自然中自由翱翔，探索生活中的奥秘。

六、主题活动总反思

《纲要》中的科学领域提出了以下目标："对周围的事物、现象感兴趣，有好奇心和求知欲；能运用各种感官，动手动脑、探究问题；能用适当的方式表达、交流探索的过程和结果……"可见，幼儿科学教育是幼儿主动探索、发现的过程，而不是被动接受知识的过程。因此，我们及时抓住幼儿生活中的一个偶发性的关注点，针对性地设计了此主题探索活动——有趣的蜗牛，通过在幼儿一日生活中的各个环节的贯穿，让幼儿在已有的知识经验的基础上进一步去探索和发现。

《纲要》在教育内容与要求中指出："从不同的角度促进幼儿情感、态度、能力、知识、技能等方面的发展。"情感和态度是幼儿发展的最重要的方面，因为积极的情感和态度是个体持续发展的内在动力。

在饲养蜗牛的过程中，幼儿自主探索、发现问题，从而解决问题，给蜗牛找了一个适合它生活的家。幼儿从中不仅获得许多相关的信息和经验，更宝贵的是滋长了对动物的关爱之情：当蜗牛没有食物吃或不吃某一种食物的时候，他们会发愁；怕蜗牛嫌脏，他们就主动给它"打扫房间"……在幼儿和蜗牛之间，幼儿对它的关心、爱护、善待和帮助，形成一种温馨的心理环境，也是幼儿能持续并且主动精心饲养蜗牛的内在动力。

幼儿通过观察、感知、思考、交流，进行探索和发现。让幼儿带着问题去观察、探索蜗牛，在解决了问题的基础上，又发现了新的问题。在"发现—解决—发现—解决"的循环中，幼儿对蜗牛的了解越来越深入，思维更加活跃，解决问题的能力也逐渐增强，语言表达能力以及自信心等都有较大的提高。

在活动中，教师是活动的支持者、引导者，要不断根据幼儿的反应做出调整、修订，使后一个活动是前一个活动的发展。

本次主题活动的探索分为四个阶段。第一阶段，观察蜗牛并了解其外形特征；第二阶段，饲养蜗牛；第三阶段，探索蜗牛的秘密；第四阶段，表征蜗牛。整个活动的进行，都是围绕着幼儿发现、关注的问题层层展开，步步深入。教师鼓励幼儿大胆尝试，勇于表达，激发了幼儿的探索热情，使幼儿在不断地发现问题和解决问题的过程中，体验到探索的乐趣和成功的喜悦。

通过一系列活动的开展，孩子们各方面的能力都有了显著的发展和提高。

1.语言表达方面：能大胆表述自己的观点和意见，敢于提出问题，敢于质疑，并且能围绕一个中心展开讨论，同时也学会了倾听别人的观点和经验。

2.动手操作方面：在绘画和泥工活动中，孩子们都能开动脑筋，积极参与，制作出各种各样的"蜗牛"；充分调动了孩子们参与活动的热情，激发了他们的想象力和创造力。

3.解决问题方面：孩子们在主动探索的过程中，好奇地提出各种各样的问题，表现出强烈的探索欲望，并在实践活动中通过探索、尝试加以验证。

4.沟通合作方面：在主题探索活动中，给孩子们提供了一个宽松、和谐、平等支持的良好氛围，形成了积极的师生互动、生生互动，孩子们的沟通、合作意识有了很大的提高。

总之，教师在组织幼儿进行科学教育活动的时候，心里要处处为幼儿着想，要知道幼儿喜欢探索什么、能探索什么、用什么方式探索。科学教育必须以幼儿主动探索和学习为根本，为幼儿创造探索的环境和机会，让幼儿完全从被动学习中走出来，真正成为活动的主人。

大班

有趣的树叶

张岚　周翠霞　崔婷婷

一、主题活动设计意图

当秋天悄然而来的时候，孩子们在大自然中会发现一些美丽的叶子。他们会捡起叶子，对着太阳看叶子的脉络；会把叶子当成扇子，互相追逐着扇风；会把叶子压平粘贴成各种造型的树叶画……看似平常的叶子，让孩子们玩得很高兴。孩子们对自己身边熟悉的叶子充满了好奇，总有说不完的话题，因此我们决定一起探究下叶子的世界。让幼儿通过自己的探索活动，发现树叶的美，感受树木和人类的关系，认识树叶的作用，从而产生热爱大自然、爱护大自然的情感。

大自然原本就有足以让孩子们陶醉的魅力，大自然中到处都有让孩子们快乐学习的素材。我们借助随手可得的叶子，请孩子们说说不同叶子的大小、形状、颜色、纹路，比较不同的叶子之间有什么差异，培养他们的观察与分析能力；引导孩子们在用叶子玩游戏的过程中，表现创意并感受美；更重要的是，让孩子们在了解叶子的用途时，领会大自然中植物与人的密切关系。

因此，金秋十月，我们进行了"有趣的树叶"主题活动，与孩子们一起进入自然天地，共享发现自然的喜悦！

二、主题活动网络图

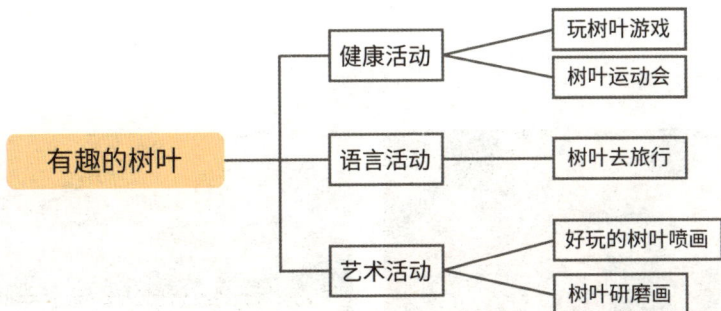

```
                              ┌─ 玩树叶游戏
                   健康活动 ──┤
                              └─ 树叶运动会
有趣的树叶 ──────── 语言活动 ──── 树叶去旅行
                              ┌─ 好玩的树叶喷画
                   艺术活动 ──┤
                              └─ 树叶研磨画
```

三、主题活动总目标

1. 观察、比较各种叶子的外形特征，并能根据外形特征进行分类。

2. 通过肢体动作、美工创作等活动，激发幼儿的想象力和创造力，培养幼儿的审美情趣。

3. 了解叶子的不同特性及作用，并知道其用途。

4. 学习单数、双数，提高幼儿的数数能力。

5. 感受乐曲中拍子的节奏，发挥想象，并创编"随风飘荡的叶子"的动作。

四、主题活动准备

1. 环境准备：家长利用周末时间带孩子去植物园或小公园，观察落叶纷飞的情景。

2. 物质准备：捡拾 1~3 片不同形状、颜色的落叶，将捡回的树叶进行清洗，或擦干净、压平；上网收集树叶的图片和资料，明确树叶的名称及特征。

五、主题活动实施过程

活动一　玩树叶游戏

活动目标

1. 在参与各种玩树叶的游戏中，发展幼儿观察、比较、按规律排序、跳跃、投掷及身体协调的能力，体验自由创造、多样玩树叶的乐趣。

2. 在分享交流玩法的过程中，发展幼儿的语言表达能力。

活动准备

采集植物园地面的落叶。

活动过程与实录

将采集的落叶按颜色分类

孩子们利用从植物园采集来的树叶尝试了多种方法来分类，有的按形状分，有的按颜色分，有的按大小分，等等。"一片、两片、三片……"思淼和世博玩起了数树叶的游戏，一如和奕萱则玩起了比大小、比多少的游戏。用树叶玩游戏，锻炼了孩子的观察能力、比较能力、按规律排序能力。

活动反思

把幼儿平时最喜欢的树叶作为操作材料，以大自然中的"活教材"支持学习，既贴近生活，选择幼儿感兴趣的事物和问题去探究；又有助于拓展经验和视野要求，很好地把数学与生活融合在了一起，满足了幼儿的好奇心和探索欲望。通过这次活动我深深地感受到，一个好的活动必须建立在幼儿的兴趣基础上，在幼儿现有水平和经验基础上为幼儿建立一个可供发展的舞台。

本次活动情节性很强，孩子们在趣味盎然的活动中积极参与各项游戏，使自己的归类和观察比较能力在不知不觉中得到了提升。整个活动过程中，幼儿活动积极性很高，在动手、动脑、动口、动眼相结合的活动中，整体能力有了很大的提高。

活动二　树叶运动会

活动目标

1. 掌握正确的游戏方法，能够听口令活动，有规则意识。

2. 有一定的团队精神，能够鼓励同伴坚持到最后。

活动准备

各种树叶若干。

活动过程与实录

1. 活动过程。

（1）热身游戏。

（2）树叶运动会。

2. 活动实录。

（1）吹树叶比赛。

比比谁的叶子先落地，探索为什么叶子落地有先有后，总结吹树叶的方法并请获得第一名的幼儿示范如何吹才既省时又省力，幼儿掌握方法后再次进行吹树叶比赛。

比一比，看谁的树叶先落地

试一试，如何吹既省时又省力

（2）扇树叶比赛。

幼儿比赛扇树叶，教师示范简单有效的方法，幼儿掌握方法后再次比赛。

看谁扇得快

（3）总结颁奖，活动结束。

活动反思

本次活动中，幼儿的积极性被调动起来，多种感官的运用使他们的探索更加立体化，在对比统计中这些结果变得更具体了。幼儿园的体育活动要和游戏相结合，让幼儿快乐地玩耍。通过吹树叶、扇树叶等游戏环节来吸引幼儿，让幼儿对活动产生兴趣。因此在游戏中，孩子们都热情高涨，玩得有些随意，不太注重规则，以后在活动中教师要加强规则这方面的引导。

活动三　树叶去旅行

活动目标

1. 理解故事情节及画面内容，知道落叶是秋天特有的景色。

2. 引导幼儿喜欢听故事，对文学作品的语言感兴趣。

活动准备

《树叶去旅行》图片。

活动过程与实录

1. 播放轻音乐，进行放松活动。教师以故事导入，引导幼儿感受故事情境。

2. 出示《树叶去旅行》大图，请幼儿回答问题："秋天来了，一片树叶挂在光秃秃的树枝上，它的心情好吗？为什么？"

【故事内容】一阵风吹来，小叶子请风带它去旅行。小叶子经过田野，发现小草变黄了，看见农民伯伯正在收割粮食。小叶子经过果园，看见阿姨正在采摘水果。小叶子遇见大雁，大雁告诉它："秋天来了，我要到南方去了。"最后，小朋友们看见了小叶子，小叶子告诉他们："秋天来了，我要去旅行了。"

3. 玩秋风吹落叶的游戏。

幼儿扮演"小树叶"，教师扮演"秋风"。"小树叶"听到"秋风"的信号做出相应动作，比如："刮大风了"，幼儿在场地上自由跑；"风小了"，幼儿慢走或小跑。

一起学落叶跳舞

活动反思

根据我班幼儿表现欲望强、创编能力强的特点，在活动中注重为幼儿语言能力的发展创造一个宽松、自主的环境和展示自我的平台，活动内容的选择也非常贴近幼儿的生活。幼儿已有一些生活经验的积累，因此对活动内容非常感兴趣，在活动中始终保持着积极、愉快的情绪体验。幼儿在与同伴相互商讨与尝试的过程中，寻找不同的词汇表达及创编儿歌；并在相互分享交流的过程中，体验成功的快乐。

延伸活动一　好玩的树叶喷画

活动过程与实录

1. 活动过程。

活动一开始，我先给孩子们示范喷画的步骤：

（1）自己探索，先尝试将树叶轻轻地放在纸上。

（2）手拿喷壶进行喷洒，在水粉颜料和水的融合下，画面产生了渲染的效果。

（3）当画面晾干后将树叶拿走，树叶的轮廓图就留在了纸上。

2.活动实录。

一开始看着老师对准树叶轻轻一喷，一幅生动有趣的喷画就诞生了，孩子们感到很神奇！皓月兴奋地大喊："老师，这像是树叶的影子！"轮到孩子们尝试了，一个个跃跃欲试，开心极了。但才试了几下，孩子们脸上的笑容就不见了，一个个龇牙咧嘴。原来是他们的力气太小了，喷壶盖按不下去，怎么办？

我们一起来添画！

只见他们用尽全身的力气，尝试调整各个角度去按喷壶盖——竖着、横着、侧着，终于喷出来水了！看到树叶的形状一点点跃然纸上，大家高兴地拍起了手，开心极了！

正在大家专心作画的时候，宸宸一直在叹气，原来是她的画面湿透了，甚至有的地方已经快烂掉了。孩子们围了过来，我突发奇想要考考大家："为什么会出现这种情况啊？""因为喷壶离纸太近了！""因为喷的水太多了！""喷薄薄一层水就行！"孩子们开动脑筋踊跃回答。"下次我要离远一些喷，少喷一点水。"宸宸说。我又递给宸宸一张纸，看到她认真快乐的样子，我感到好欣慰，孩子是多么渴望成功啊！

看！我们的作品！

通过这个活动，孩子们不仅学会了喷洒成画的技能，还发展了体能，体会了成功感。多次这样的经历，一定会使孩子成为一个勤于思考和自信的人！

活动反思

因为初次尝试喷壶喷色的作画形式，孩子们都很感兴趣。这种喷画活动操作性强、极富乐趣，比较适合大班的幼儿。刚开始因为是第一次接触这种作画形式，孩子们对于喷洒的技巧掌握得还不是很灵活，有的颜料喷洒过多导致画面被浸湿浸烂，画面效果一般。但是孩子们经过多次尝试以后，喷出的画面越来越漂亮。我们把喷画作品投放到区域，让孩子们用来练习勾边、添画，使孩子们的绘画技能得到进一步提升。

延伸活动二　树叶研磨画

活动过程与实录

孩子们来到植物园选取了几种植物的叶子和小果子，带回班里按颜色给它们分类。其中一组孩子用研磨锤分别将它们捣碎，结果发现龙葵、印第安魔力、小海棠都可以研磨出汁液，但粉色的丝绵木却不能。我让孩子们仔细观察后发现，其他几种植物的叶子和果实都是多汁液的，但丝绵木的果实却特别的硬和干，我让孩子们摸了摸，有点类似小麦结穗后的麦壳那么硬。

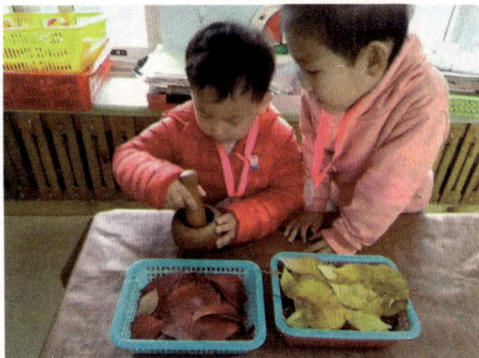
一起研磨树叶

另一组孩子分别尝试用素描纸和餐巾纸，用敲打的方法捶出汁液来制作树叶画。他们把树叶放在纸上或夹在纸里，然后用光滑的鹅卵石沿着整片树叶的轮廓在上面轻轻敲打。过了一会儿，大家悄悄揭开树叶查看树叶印色的结果。

"哈哈！我的印上了！"思淼兴奋地喊道。

"我的也印上了！"萱萱也高兴地大喊。

"咦？你的怎么烂了？"润润对满满说，"是你太用力了！"

宸宸说："老师，为什么有的颜色那么浅，而有的颜色那么深呢？"

大政说："素描纸印色都比较浅，餐巾纸的颜色比较深。"

老师请孩子们讨论：为什么会出现这种情况？

崧说"叶片厚，颜色印得深"，一如说"餐巾纸很软容易吸水，素描纸硬不容易吸水"……此外孩子们还发现，叶子的反面要比正面印出来的颜色深。原来叶子的反面比较粗糙，石头一敲比较容易出汁液；正面比较光滑，不容易敲出汁液。

猜猜我们拼贴出的是什么？

六、主题活动总反思

这次的"有趣的树叶"主题活动是从一次玩树叶生发出来的，本主题内的各项活动不仅具有可选择性，同时也体现了幼儿的参与性和层次性。教学中要善于抓住幼儿的兴趣点，从幼儿的兴趣出发，适时生成新的活动。在课堂教学中要有的放矢，让幼儿做学习的主人，教师做倾听者和引导者，真正做到玩中学。

综合实践活动，就是给孩子们广阔的探究空间。教师应该给孩子们一个问题，让他们去找答案；给孩子们一些权利，让他们去选择；给孩子们一些机会，让他们去体验；给孩子们一点困难，让他们去解决。虽然孩子们的研究成果还很稚嫩，但只要有探究的意识和兴趣，哪怕结果不是很完美，也是值得欣慰和鼓励的。因为他们在整个探究过程中学会了发现，学会了思考，学会了如何面对失败，学会了与人交际。孩子们的能力得到了锻炼，知识得到了丰富，见识得到了拓展，也更深刻地领会了大自然中植物与人的密切关系。

有趣的云

郭媛媛　张盼盼　张雅洁

一、主题活动设计意图

天空是大自然中一道靓丽的风景，孩子们置身其下是那么自由、欢畅，多变的云朵犹如变幻的玩具吸引着他们的注意力，激发着他们的想象力。有一天，天气很好，蓝蓝的天，白白的云，孩子们在草地上玩得可高兴了。突然，马郡大声地叫起来："大家快来看呀，天上有一条'小鱼'。"顺着他指的方向，我看见天上有许多云，其中有一朵云的形状很像一条小鱼。回到活动室，我想可以开展一次活动，让幼儿认真全面地认识一下"云"，引导幼儿想象天上的白云像什么；并设计一系列活动让幼儿进一步感受云彩的变化和奇妙，引发无限的想象，增进幼儿对大自然的热爱，引导幼儿发现人类与大自然的依存关系，懂得爱护环境。

在确定主题以后，我查阅了大班的教材，并和有经验的老师讨论关于"云"可以开展哪些活动。

1. 从最初的观察、了解到记录"云"。

2. 绘本故事、绘画、制作（折、捏、剪）有关"云"的成语、古诗等。

3. 了解由云引发的自然现象，带着问题去观察云，由此得知天象的秘密。

4. 幼儿分享整个活动。

本次活动我总结为：看、做、想、说。我认为，理清了思路再带领孩子们进行各种活动，也就变得更加得心应手了。

幼儿园上空的白云

二、主题活动网络图

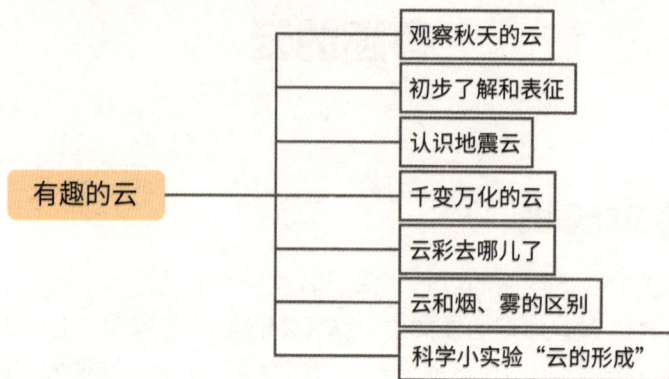

```
                              ┌─── 观察秋天的云
                              ├─── 初步了解和表征
                              ├─── 认识地震云
  ┌──────────┐                │
  │ 有趣的云 │ ───────────────┼─── 千变万化的云
  └──────────┘                ├─── 云彩去哪儿了
                              ├─── 云和烟、雾的区别
                              └─── 科学小实验"云的形成"
```

三、主题活动总目标

1. 认知层面：认识了解云的特征及多变性，并结合生活经验谈论对云的认识。

2. 表达层面：能根据云的样子，大胆想象云的形状像什么，并乐于用自己的语言表达出来；通过观察、谈话、操作，使幼儿感受云的多种变化；通过捏、画、粘、描、添画环境等，表现云的形象。

3. 科学层面：幼儿能在观察、交流中了解云的颜色、形状是多变的，知道云还会变成雨、雪、雾等落下，激发幼儿关注和探索天气现象的兴趣。

4. 艺术层面：幼儿善于发现生活中的美，乐于表现美；激发幼儿对参加美术活动的兴趣，发展幼儿的想象力和创造力。

四、主题活动准备

1. 环境准备：适时利用天气环境，带孩子们去户外观察云。

2. 物质准备：详见各活动具体教案。

五、主题活动实施过程

活动一　观察秋天的云

活动目标

1. 通过引导幼儿观察秋季云彩的变化，帮助幼儿更好地感受秋季。

2.培养幼儿的语言能力和仿编儿歌能力。

活动准备

幼儿现有知识经验。

活动过程与实录

谈话活动——我所看到的秋天，我所看到的云彩。

教师：小朋友们知道现在是什么季节吗？

幼儿：秋天。

教师：你们怎么知道现在是秋天的？秋天都有什么变化呢？

幼儿：变冷了、树叶变黄了、菊花开了、衣服穿得厚了，等等。

教师：秋天是云的形状变化最多的一个季节，哪个小朋友观察过云？我请几位小朋友说一下他看到的云像什么。（提问）

幼儿：恐龙、小乌龟、飞机，等等。

孩子们第一次户外观察

活动反思

第一次观察云，孩子们很兴奋，用手指着天空的云不停地大声喊，像这个，像那个。观察了几分钟以后，我让孩子们静下心来，躺在草坪上仔细地观察云，先不要说像什么飞机、大象之类的，闭上眼睛，听着音乐感受云从身边慢慢地、温柔地飘过。记不清哪个小朋友说想奶奶了，那一刻我想这才是孩子们内心最柔软的地方。没有老师的刻意引导，也没有思维定式，孩子们受自然事物所触动流露真情实感。

活动二　初步了解和表征

活动目标

1.进一步加深幼儿对云的形象感知。
2.培养幼儿良好的动手能力。

活动准备

卡纸、太空泥。

活动过程与实录

观察结束后,我带领孩子们上网查找了很多关于云的知识。例如:云的形成、分类,看云识天气,分析颜色等,孩子们听得很认真。

同时我在美工区投放了太空泥,孩子们根据最初的印象和认识粘贴了简单的云彩。

孩子们第一次用太空泥表征云彩

活动反思

经过第一次观察,孩子们还是心心念念地想着讨论着"云像什么"或"什么形状的云"的话题,所以,我还是在活动中加入了有关"云像什么"的内容。"云像什么"是孩子们自己的思考,我不加任何干预。孩子们的想法天马行空,有时会有我意想不到的答案,这也正是生长教育课程的内涵所在——顺应幼儿的发展。

活动三 认识地震云

活动目标

1. 引导幼儿认识发现地震云。

2. 培养幼儿良好的探索精神。

活动过程与实录

一次户外活动,孩子们跑过来问我:"老师,你看今天的云有什么不一样? 它们是地震云吗？"我感到很惊讶。孩子们回到班里也一直在讨论地震云，一层层比较特别的云，对于他们来说比较新鲜、感兴趣。于是，我组织大家深入仔细地学习这个比较特殊的云。

有孩子问我："老师，地震云真的可以预报地震吗？"为了解答孩子们心中的疑惑，我在课堂上进行了科普："地震云只是人们的心理效应，并没有真正的预报地震的作用。"

在这个过程中，孩子们通过观看视频，了解了一些关于地震云的知识，以及由古至今的

孩子们观察地震云

争论。孩子们在创作时，根据了解的地震云的外形特点，画出了自己心中的地震云。

活动反思

在此过程中孩子们能够主动提出问题，这让我感到很惊讶，说明他们对问题感兴趣，有想要进一步了解的愿望。兴趣是最好的老师，我想这也是我们教育的最终目的——培养孩子们喜欢研究、乐于研究并善于研究的精神。为了满足孩子们的好奇心，我准备了一系列丰富的活动，供孩子们去探索、发现。"授人以鱼，不如授人以渔"，孩子们会在活动中得到更长足的发展。

活动四　千变万化的云

活动目标

1. 结合生活经验谈论对云的认识。

2. 通过观察、谈话、操作，使幼儿感受云的多种变化。

3. 发展幼儿的想象力和创造力。

活动准备

棉花、吹塑纸、课件、白色颜料。

活动过程与实录

1. 活动导入。

教师：小朋友，我们一起抬头看看蓝蓝的天空，你们看到了什么？

幼儿：云。

教师：今天啊，老师就带你们去一个有趣好玩的云的世界，你们一定要多想、多说，这样会变得更聪明、更厉害。

2.基本部分。

教师：你们看过什么颜色的云？（幼儿说）今天老师也收集了一些好看的图片，我们一起来欣赏吧！

出示课件：白色的云、火烧云、乌云。

教师小结：云的颜色变化与天气的变化有关。

教师：云的形状各种各样，小朋友看云都像什么啊？

幼儿：有的像……有的像……

出示课件：云的各种形状的图片，让幼儿说说都像什么。

教师：云为什么有这么多的形状变化呢？

教师小结：因为风的吹动。风一吹，云的形状就会发生变化。

绘画游戏：会变的云彩。幼儿用棉花制作不同的云彩，并粘贴在晴天、阴天、太阳落山等天空背景上。

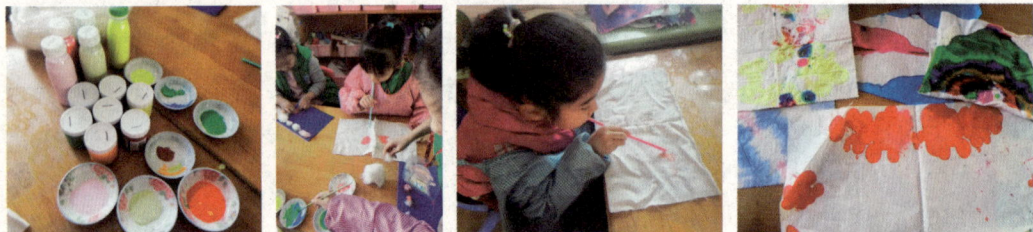

多样的材料和绘画形式

活动反思

这是一节关于"云"的美工活动，老师给孩子们提供了多种材料，孩子们可以自由选择喜欢的材料表征。当然，不同的材料表征的特点各不相同，比如"颜料吹画"所表现的云彩自由灵动，不受限制。同时，宣纸、软布上呈现的云彩的效果也大不相同，给孩子们提供了更多发挥的可能。

活动五　云彩去哪儿了

活动目标

通过幼儿的实际观察，引导幼儿了解云的多样变化。

活动过程与实录

下过雪的天空变得湛蓝，没有一丝云彩，孩子们来到户外呼吸着新鲜的空气，心旷神怡。我问孩子们："昨天的天空，乌云密布，今天怎么就变得这么蓝了呢？"

听了我的问题，孩子们一阵欢呼。"蓝蓝的天空太美了，我的心情也变好了。"乐乐大声地欢呼着。"那云彩都去哪里了呢？"我问他们。佳宁听见后呼呼地跑来说："老师，我知道我知道，咱们不是看视频学了吗？乌云变成雨落到地上了。"婧怡说："才不是雨，是雪。"佳宁说："对对对，因为天气太冷，所以是雪。"我问道："佳宁这么说你们同意吗？""同意同意，他说得对。"孩子们讨论个不停，我建议他们躺在草地上，静静地感受雪后的天空和美景。

活动反思

有过之前的活动经验积累，孩子们已经理解了云彩不同形式的变化过程，这也是让老师非常惊讶的地方。孩子们不仅可以记住书本上的知识，还可以正确地运用到实际的问题当中，发现问题，解决问题。可见他们是真的感兴趣，在平时也乐于探索和积累。《指南》中指出，幼儿要"对周围的事物、现象感兴趣，有好奇心和求知欲"，这也是我们开展科学活动的目的。

活动六　云和烟、雾的区别

活动目标

通过实地观察，发现云和烟、雾的区别。

活动过程与实录

今天入园时一飞一进门就说："老师，今天下大雾了，雾和天上的云一样白！"虽然是很小的一件事情，却足以看出孩子们已经把"有趣的云"主题活动深深地放进了心里，学会了在生活中观察和发现。

为了丰富孩子们的认知，我带他们到食堂观察了做饭时冒出的"雾"气，还通过燃烧制作了烟雾，让大家仔细观察区分。起初，孩子们并不能区分它们之间的差别，也很难理解。回到教室后通过观看视频等直观的资料，孩子们从形成、外观等方面区分了烟、雾和云，增长了新知识。

活动反思

本次活动中最令我高兴的是，孩子们逐渐学会乐于观察、思考和发现问题。有时大人所忽略的问题可能会成为孩子们感兴趣的点，所以教师也应该多从孩子们的角度出发，让他们说出自己的需求，并配合他们积极解决问题。

活动七　科学小实验"云的形成"

活动目标

1. 让幼儿直观地了解云的形成过程。
2. 培养幼儿乐于发现和探索的精神。

活动准备

1个塑料瓶子、1根火柴、1支吸管、1份橡皮泥。

活动过程与实录

1. 活动步骤。

步骤一：在瓶盖上戳个洞，在洞中插入吸管并用橡皮泥将吸管周围密封。

步骤二：在瓶中倒入一些冷水，摇晃均匀，然后把水倒出来。

步骤三：靠近瓶口，点燃一根火柴；吹灭火柴，把冒烟的火柴扔进瓶中，让烟进入瓶内。

步骤四：迅速拧紧瓶盖，通过吸管向瓶中用力吹气；停止吹气，用手堵住吸管，使空气留在瓶中。

步骤五：松开吸管，当空气冲出瓶子时，瓶中就产生了"云"。

2. 教师讲解。

往瓶子中吹气，增加压力；松开吸管后气压下降，空气变冷了；瓶子中的水蒸气附着在烟雾中的尘粒上，凝结成许多极小的水滴，水滴遇冷后就形成了"云"。

| 准备材料 | 在瓶盖上戳洞 | 用橡皮泥密封吸管周围 |

通过吸管向瓶中吹气　　　　停止吹气，用手堵住吸管　　　　"云"产生了

活动反思

通过这次活动，孩子们更加直观地看到了云的形成过程。活动期间，孩子们都很兴奋，平时摸不到、够不着的云一下子出现在自己眼前，感觉很神奇；而且还可以亲手制作，高兴得不得了。我想，在今后的活动中应该设置更多可以让孩子们亲手操作的环节，让他们能够亲身感受大自然的奇妙。

六、主题活动总反思

"有趣的云"主题活动是我们和孩子们在一次户外活动中偶然提出来的。起初孩子们也停留在观察的阶段，老师也没有创新的启发，他们自然不会非常感兴趣。之后我们将活动的重点放在讨论、实验、思考、辅助故事和美工环节，激发了他们对活动的参与兴趣、探究欲望、动手能力。

根据《指南》科学领域的要求，我们设置了一系列活动，期间也咨询了有经验的老师。通过大半个学期持续性的活动，孩子们有了一定的进步，我们也总结出一些经验：

1. 幼儿的科学教育是科学启蒙教育，重在激发幼儿的认识兴趣、探究欲望，帮助幼儿学习运用观察、比较、分析、推论等方法进行探索活动。

2. 学习科学的过程应该是幼儿主动探索的过程，老师要让幼儿运用感官，亲自动手、动脑去发现问题、解决问题。

3. 鼓励幼儿相互合作，并积极参与幼儿的探索活动；幼儿的科学观察活动应密切联系幼儿的实际生活；教师应充分利用幼儿身边的事物和现象作为科学探索的对象，并多参考科学教育类书籍，合理设置活动内容。

4. 鼓励幼儿在活动的过程中生成自己的想法，延伸自己的活动。

5. 鼓励幼儿发现问题，勇于说出自己的想法。

黄瓜种植记

李芳　李桂花

一、主题活动设计意图

《纲要》指出："幼儿园应与家庭、社区合作，引导幼儿了解自己的亲人以及与自己生活有关的各行各业人们的劳动，培养其对劳动者的热爱和对劳动成果的尊重。"随着农村城市化进程步伐的加快，孩子们对现代化的东西越来越熟悉，而对于生活中常见的葱蒜却分不清，特别缺乏对自然的洞察力。种植区的创设对幼儿园显得尤为必要。南京师范大学虞永平教授在《幼儿教育》上曾经发表过一篇名为《用"全收获"的理念开展幼儿园种植活动》的文章，文中指出："种植活动是幼儿园常见的一种活动形式，是幼儿与植物、泥土、水以及各类工具相互作用的过程，也是幼儿加深对植物的生长发展过程以及植物与泥土、阳光、空气及水等要素相互关系的认识的过程。"种植区不仅能美化室内外环境，而且能丰富孩子们的活动内容，为孩子们提供自由的随机观察和探索的机会。

陈鹤琴先生说过："大自然、大社会是活教材。"在种植活动过程中，幼儿不仅感受到了植物的生长变化，体验到了自己动手的乐趣和成功的喜悦；还掌握了尝试播种、栽培、收获的过程，学习了简单的田间劳动技术。教师可以让幼儿进行跟踪观察记录，促使幼儿更加关注科学探究的过程和事物的变化，培养幼儿求实、严谨、条理、细致的科学态度。在种植区，教师还可以引导幼儿了解自己的亲人，以及与自己生活有关的各行各业人们的劳动，培养其对劳动者的热爱和对劳动成果的尊重，激发幼儿爱父母、爱家乡的情感。

二、主题活动网络图

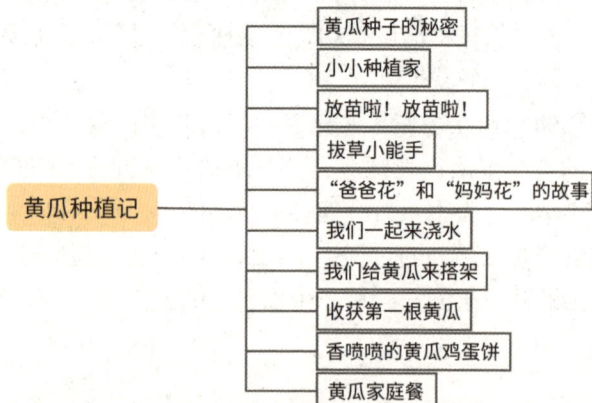

```
                        ┌─ 黄瓜种子的秘密
                        ├─ 小小种植家
                        ├─ 放苗啦！放苗啦！
                        ├─ 拔草小能手
                        ├─ "爸爸花"和"妈妈花"的故事
            黄瓜种植记 ──┼─ 我们一起来浇水
                        ├─ 我们给黄瓜来搭架
                        ├─ 收获第一根黄瓜
                        ├─ 香喷喷的黄瓜鸡蛋饼
                        └─ 黄瓜家庭餐
```

三、主题活动总目标

1. 认识黄瓜的种子、颜色及其特征。

2. 初步了解农作物的生长情况，掌握黄瓜的种植方式。

3. 培养幼儿种植的兴趣，启迪幼儿智慧，陶冶幼儿性情，促进幼儿全面发展。

4. 为幼儿提供接触、长期观察、亲自管理、动手操作的机会，通过幼儿的双手和感官，使幼儿对自然界的事物形成正确的认识，开阔视野。

5. 让幼儿接触自然，关注植物，感受生命的成长，从而珍惜生命，爱护生命。

四、主题活动准备

今年我们班要种植的农作物是黄瓜，因为这种蔬菜是我们日常生活中常见的，所以孩子们对它并不陌生。首先，我给孩子们出示了黄瓜的图片，让孩子们说一说自己对黄瓜的认识和了解，在谈话中激发孩子们的种植欲望。

其次，让孩子们观察种子。孩子们通过观察黄瓜的种子，知道了平时吃的黄瓜都是由这一粒粒的小种子种植生长出来的。

接着，上网搜集资料，了解更多蔬菜的种植知识。

最后，带领孩子们参观开心小农场，熟悉我们的种植区域。我把要种植黄瓜的消息发送到了班级群，许多有经验的家长主动来到班里给我传授种植经验，我也及时向他们了解种植管理等方面的知识，为我们的种植活动打下良好的基础。

五、主题活动实施过程

活动一　黄瓜种子的秘密

活动目标

1. 了解种子在人们生活中的作用，知道种子不仅可以种植出幼苗，还是食品制作的主要原料。

2. 认识黄瓜种子，了解黄瓜种子拌种的秘密。

活动准备

黄瓜种子、黄瓜苗、黄瓜的照片，以及黄瓜种子实物等。

活动过程与实录

1. 交流谈话，激发幼儿对种子的兴趣。

（1）小朋友知道什么是种子吗？

（2）你知道哪些种子？

（3）种子主要有什么作用？

（4）你知道哪些种子可以食用吗？

引导幼儿说出可以食用的种子，如稻、麦、豆、花生、瓜子、玉米、核桃等。

2. 出示黄瓜种子、黄瓜幼苗、黄瓜的照片，讨论：黄瓜是怎样长出来的？

3. 出示买来的黄瓜种子，幼儿发现问题：平时吃的黄瓜的种子和图片上看到的黄瓜的种子都是白色的，为什么种子袋里的黄瓜种子是红色的呢？

4. 解决方法：

（1）请教有经验的牛爷爷。孩子们去请教开心小农场负责种植管理的牛爷爷，牛爷爷说红色的种子是经过拌种的。

（2）上网查资料。

①为什么种子是红色的？

红色的黄瓜种子一般是染过药的种子，用农药、肥料、染色剂拌过，用颜色来区分不同品种：种子的红色叫作警戒色，是警示大家这个种子是使用农药包衣的，不能食用。

②为什么要拌种？

种子拌种可有效预防地下害虫，减少土传病害的发生，起到预防死苗死棵的作用，同时还能起到调节黄瓜生长，促进产量和提高品质的作用。

种子的秘密

比较观察

活动反思

通过观察黄瓜种子，孩子们对黄瓜种子的形状、颜色都有了一些了解，知道了黄瓜种子拌种的原因及作用。在种植前，经过牛爷爷的介绍与示范，大家掌握了种植的步骤与方法，积累了种植黄瓜的知识与经验。

活动二　小小种植家

活动目标

1. 了解种植的过程与种子生长所需要的基本条件。

2. 幼儿能亲自种植，掌握正确的种植方法，并积极参与讨论，大胆发表自己的见解。

3. 满足幼儿的探索欲望，激发幼儿的责任感，体验种植劳动带来的快乐。

活动准备

1. 种子发芽的视频。

2. 种植黄瓜所用的劳动工具：幼儿用小铲子、小水桶、小耙子等。

活动过程与实录

1. 请幼儿观看种子发芽的视频，引发幼儿兴趣。

2. 调动幼儿已有的经验，和幼儿一起讨论种植的方法。

观看了种子发芽的视频以后，孩子们特别想自己动手种下种子。我先让孩子们一起讨论了种植的方法："请小朋友说一说，怎样种植黄瓜呢？""先在土壤里挖个小窝，然后把种子放进去。""不对，要先给土壤浇水，等土壤湿润后，再把种子埋在里面。""还得给种子盖上透明的薄膜，我见我爷爷弄过。"孩子们各抒己见，讨论得热火朝天。

翻　土

播　种

3. 幼儿到开心小农场进行种植活动。

步骤一：幼儿和老师一起翻土；

步骤二：幼儿和老师一起把翻起的土壤耙平；

步骤三：幼儿观察老师怎样挖坑；

步骤四：幼儿观看老师戴好手套往坑里放种子；

步骤五：幼儿用小手把种子埋起来；

步骤六：幼儿和老师一起给种子盖薄膜。

活动反思

教师总结幼儿在种植过程中的表现，表扬和鼓励在活动中表现积极的幼儿，让幼儿在进行种植活动的同时，感受到科学探索活动带来的快乐。同时，教师要照顾到那些在活动中比较安静的幼儿，使其也能在活动结束的时候获得快乐，以培养他们对科学活动的兴趣。

活动三　放苗啦！放苗啦！

活动目标

1. 实地观察黄瓜种子的发芽情况，了解植物的生长需要阳光、空气、水等。
2. 培养幼儿的观察能力以及与同伴交流的能力。
3. 教幼儿把发芽的黄瓜幼苗从薄膜里面放出来，体验劳动及帮助幼苗生长的乐趣。

活动准备

幼苗生长过程的视频。

活动过程与实录

1. 幼儿观看幼苗生长过程的视频，了解幼苗在生长过程中会遇到闷苗、干旱、病虫害等，需要人们的照顾，激发幼儿照顾黄瓜苗的愿望和兴趣。

2. 和幼儿讨论当幼苗发芽被闷在薄膜里的时候，我们应该怎样帮助它，并教会幼儿给黄瓜放苗的一些技能。

3. 教师和幼儿一起来到开心小农场为黄瓜苗放苗。

种子发芽啦！

活动反思

孩子们在活动过程中积极性很高，但是实际操作起来却发生了好多小问题，比如把幼苗的出气孔开得太大，不小心把幼苗抓烂了等。教师需要教给孩子们更多的种植管理技能。

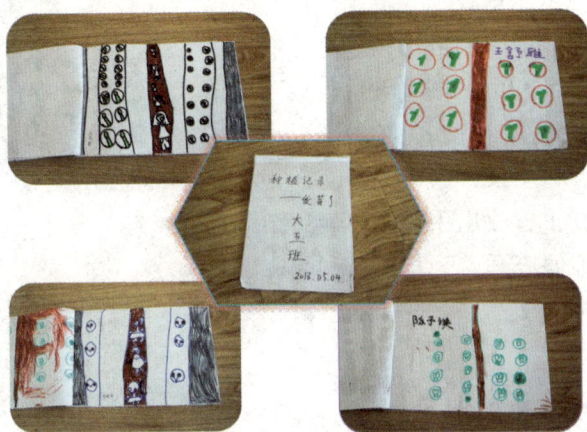

观察记录

活动四　拔草小能手

活动目标

1. 实地观察黄瓜苗的生长情况，培养幼儿的观察能力。
2. 探讨拔杂草的方法，让幼儿体验劳动及帮助幼苗生长的快乐和辛苦。

活动准备

拔除杂草所需的一些工具，如剪刀、铲子等。

活动过程与实录

今天我们去观察黄瓜幼苗的时候，远远发现田里绿油油的一片，走近了一看才发现，原来是地里的杂草太多了，都和黄瓜苗混在一块儿连成片了。宗烨说："赶快把杂草除掉吧，要不然它们就把黄瓜苗的营养都抢走了。"其他孩子也跃跃欲试。于是我们决定，一起来到田里帮黄瓜苗拔杂草。可是拔了一会儿，孩子们就嚷起来了："这些杂草太难拔了，都从中间拔断了。"这时子轩大声说："拔草一定要除根，不然杂草还会长出来的。"孩子们也都点头同意。可是杂草太难拔了，怎么办呢？熙冉提议回班里找工具。他们从区域里找来了各种工具，有娃娃家做饭的小铲子、小勺子，有美工区里的小剪刀……文通竟然在玩具筐里找了一辆挖土铲车。孩子们拿着工具又兴冲冲地来到黄瓜田里，他们用自己选择的工具和杂草展开了一场"除草大战"，结果当然是他们赢了。除草工具中，小剪刀、小刀子最好用，塑料铲子、勺子没大起作用。文通用小铲车铲了一会儿就放弃了，改用手拔了。最后杂草都被孩子们消灭了，他们高举着杂草"战利品"去喂幼儿园的小动物。

拔草啦！

活动反思

幼儿在活动过程中有了新的发现，教师要顺应幼儿的兴趣和需要，和幼儿一起寻找问题的答案，既提高了幼儿活动的积极性，又提高了动手动脑能力。

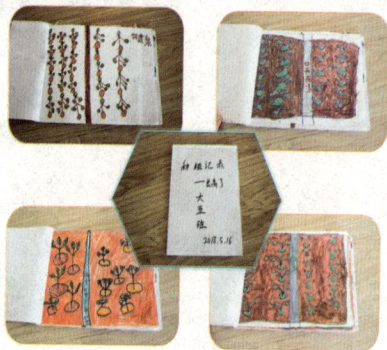

观察记录

活动五 "爸爸花"和"妈妈花"的故事

活动目标

1. 观察黄瓜花与其他植物花朵构造的不同。
2. 激发幼儿自己寻找问题的答案，提升幼儿自主解决问题的能力。

活动过程与实录

我们来到开心小农场观察黄瓜苗，刚走进黄瓜田里，怡晴就大声叫起来："老师，快来看，黄瓜苗开花了！""真的吗？"我和孩子们抑制不住内心的激动，飞快地跑过去。"真的！有好多黄瓜花呢，太好了太好了！"孩子们欢呼雀跃。我说："那你们看看，是什么颜色的花啊？""黄瓜花是黄色的花，它有5片花瓣！"子轩说。"老师，我发现这朵黄瓜花后面有一个小小的黄瓜。"果果大声叫起来。"老师，我看到的这朵黄瓜花后面怎么没有小黄瓜？"淇淇首先提出了问题。我告诉孩子们："黄瓜会开两种花，一种是雌花，会结瓜；一种是雄花，不会结瓜。它们长得不一样。""老师，什么叫雄花？什么叫雌花？还有哪些植物开雄花和雌花？"宗烨这个"小问号"又开始发问了。于是，我决定和孩子们一起探讨研究一下植物花的雌雄问题。

观察黄瓜花

回到班里，我从电脑上查阅了关于植物雌花和雄花的知识，了解到花的类型分为单性花和两性花。既有雄蕊又有雌蕊的花是两性花，只有雄蕊或雌蕊的花叫单性花，其中只有雄蕊的花叫雄花，只有雌蕊的花叫雌花，黄瓜、南瓜、丝瓜的花都属于单性花。在花的结构中只有雌蕊的子房才能结出果实和种子，雄花没有雌蕊，也就没有子房，故而结不出果实。因此，黄瓜、南瓜、丝瓜等都是雌花结出的果。为了让孩子们更容易理解雌花和雄花的知识，我告诉他们，雌花就像能生宝宝的妈妈，雄花就像小朋友的爸爸，虽然不能生宝宝，但是能给雌花授花粉帮助雌花妈妈生宝宝。我还给它们起了个别名，雌花叫"妈妈花"，雄花叫"爸爸花"。孩子们带着学会的知识再次来到植物园，他们经过认真的观察，在黄瓜、丝瓜、苦瓜、葫芦等植物上找到了"妈妈花"和"爸爸花"；还发现茄子、荷花的花既有雄蕊又有雌蕊，它们不分"妈妈花"和"爸爸花"，是两性花。

寻找"爸爸花"和"妈妈花"

活动反思

活动过程中，教师要顺应孩子们的兴趣和需要，和幼儿一起寻找问题的答案。这样既提高了幼儿活动的积极性，又提高了幼儿的动手动脑能力。

观察记录

活动六　我们一起来浇水

活动目标

1. 实地观察黄瓜苗的生长情况，培养幼儿的观察能力。
2. 探讨给黄瓜苗浇水的方法，体验劳动及帮助幼苗生长的快乐和辛苦。

活动准备

给黄瓜苗浇水所用的一些工具，如水桶、水杯等。

活动过程与实录

今天孩子们来到黄瓜田里观察，发现黄瓜苗已经开花结瓜了。他们望着自己的劳动成果，心里比蜜都甜。忽然，宗烨走到我跟前，悄悄对我说："老师，我怎么觉得黄瓜苗'不开心'呀？"我问他："你从哪里看出它'不高兴'了？""老师你看，黄瓜苗耷拉着脑袋，一点也没有精神。"鸿博凑过来对我们说："老师，我知道黄瓜苗为什么没有精神了，你看它下面的土地都干裂了，它们是渴得难受了。"后面的孩子也一致同意黄瓜苗是渴得没有精神了。"那我们赶快去拿工具给黄瓜苗浇水吧！"刚说完，他们就争先恐后地去找工具了。

出　发

孩子们来到幼儿园户外沙池区，寻找给黄瓜苗浇水所用的工具，有的孩子找来了小桶，有的孩子找来了水杯。然后我到班里拿了一个大桶，用水管接满水，提到黄瓜田里。孩子们排着队去舀水，再小心翼翼地提着水桶、端着水杯慢慢地

浇　水

138

走到黄瓜苗跟前，蹲下身子轻轻地把清凉的水浇在黄瓜苗根部，不一会儿整棵黄瓜苗都变得水灵灵的了。孩子们看到黄瓜苗变得精神水灵了，心里乐开了花。

活动反思

幼儿自己发现问题并用自己的方法给黄瓜苗浇水，这样既体验了帮助别人的快乐，又培养了幼儿热爱劳动的情感，还提高了幼儿解决问题的能力。

活动七　我们给黄瓜来搭架

活动目标

1. 学习给黄瓜搭架子，观察黄瓜的变化。
2. 积累照料黄瓜的经验。

活动准备

绳子、竹竿若干。

活动过程与实录

1. 猜想黄瓜的长势。

教师：你们猜猜黄瓜现在长成什么样子了？（幼儿猜想）

2. 带领幼儿去黄瓜地，观察黄瓜的变化。

孩子们通过观察发现，黄瓜长出了一种细细的弯弯的茎。瑜溪问我："老师，黄瓜新长出的这种茎为什么和原来的茎不一样啊？"

3. 探讨黄瓜新长的茎卷须问题。

茎卷须为部分茎枝特化而成的卷须状攀援结构，常见于攀援植物，如葡萄、苦瓜、黄瓜等。

4. 寻找哪些植物还长有茎卷须。

孩子们在幼儿园的前院找到了葡萄、葫芦，在植物园里找到了紫藤，在小农场里找到了南瓜、苦瓜、豆角，它们都长有茎卷须。

5. 教师和幼儿一起给黄瓜搭架子。

找到竹竿啦!

一起搭黄瓜架

活动反思

孩子们在观察黄瓜苗的时候，发现黄瓜长出了一种新的茎——茎卷须，并帮助茎卷须搭架子。然后他们利用已知经验去观察其他植物，巩固了对新事物的认识。教师要顺应幼儿的兴趣，根据幼儿的需要提供平台和帮助，使活动顺利开展。

观察记录

活动八　收获第一根黄瓜

活动目标

1. 观察黄瓜的生长情况，培养幼儿的观察力。

2. 体验收获的快乐，品尝劳动的果实。

活动过程与实录

今天我们去给黄瓜浇水的时候，发生了一件非常令人惊喜的事情：怡晴在浓密的黄瓜叶子下面发现了一个长长的黄瓜，这个黄瓜差不多有 30 厘米长了。怡晴问我："老师，这个黄瓜能吃了吗？"我激动地说："可以吃，我们把它摘下来，拿回去和大家分享吧！"小朋友们都跃跃欲试地想去摘，最后怡晴、熙玥、宗哲三个小朋友赢得了这个机会。宗哲和熙玥拨开黄瓜叶子，怡晴小心翼翼地把黄瓜摘了下来，并高兴地把黄瓜举过头顶，旁边的小朋友都欢呼起来。

收　获

我们把黄瓜拿到班里，班里的孩子看到收获的第一根黄瓜也都激动不已。熙冉负责把黄瓜拿到水管上清洗干净，我又接了饮水机里的温水冲了几下。我把这根黄瓜切成了薄薄的40多片，把它们放到点心盘里，每个孩子都分到了一片。孩子们小心翼翼地把黄瓜片拿在手里，闻一闻，舔一舔，仍舍不得吃——这是他们辛苦了差不多一个月才收获的劳动果实啊！最后在我的劝说下，他们才把这片来之不易的黄瓜吃掉了，可是都表示没吃过瘾。我告诉孩子们，等收获了更多的黄瓜，会做更多的黄瓜食品和大家分享，大家听后开心得又蹦又跳！

品尝黄瓜

活动反思

种植活动终于迎来了第一次收获！大家一起劳动，一起采摘，一起分享劳动的果实。劳动是辛苦的，但品尝劳动果实是快乐的！

观察记录

活动九　香喷喷的黄瓜鸡蛋饼

活动目标

1. 简单了解黄瓜的多种食用方法。
2. 初步了解做黄瓜鸡蛋饼的过程，熟悉清洗、擦丝、和面、打鸡蛋、烙饼等技能。

3.感受亲自制作黄瓜鸡蛋饼的欢乐气氛，品尝黄瓜鸡蛋饼的美味。

活动准备

盆、电饼铛、擦丝工具、面粉、油、葱、鸡蛋、黄瓜、小盘、水等。

活动过程与实录

1.一起去采摘黄瓜。

2.讨论：黄瓜有哪些吃法？

3.教师和幼儿一起制作黄瓜鸡蛋饼。

步骤一：幼儿清洗黄瓜；步骤二：教师和幼儿一起擦黄瓜丝；步骤三：幼儿打鸡蛋、和面糊；步骤四：幼儿将面糊舀到电饼铛里煎饼；步骤五：将煎好的黄瓜鸡蛋饼出锅。

3.品尝会：幼儿品尝香喷喷的黄瓜鸡蛋饼。

4.分享活动：将黄瓜鸡蛋饼送给其他班的小朋友品尝。

一起制作黄瓜鸡蛋饼

活动反思

从黄瓜的采摘，到讨论做什么黄瓜美食，再到制作黄瓜鸡蛋饼，整个活动过程幼儿积极参与，收到了很好的活动效果。活动中，教师根据幼儿的兴趣设置活动内容，让幼儿的各项能力得到很好的发展。教师是幼儿活动的支持者、合作者和引导者，幼儿真正是活动的主人。

品尝黄瓜鸡蛋饼

活动十　黄瓜家庭餐

活动目标

1. 培养幼儿乐于分享、勇于创新的精神。
2. 培养幼儿热爱劳动、珍惜劳动成果的品格。

活动准备

摘黄瓜的工具，做黄瓜餐的材料和工具。

活动过程与实录

1. 教师和幼儿一起到黄瓜田里摘黄瓜。
2. 把摘到的黄瓜和其他班级的小朋友分享。
3. 离园的时候把黄瓜分给幼儿，回家和家长一起制作黄瓜大餐。
4. 幼儿和家长一起制作黄瓜大餐，品尝黄瓜美食。
5. 家长把家庭制作、品尝黄瓜大餐的照片发送到班级群里，分享制作、品尝黄瓜餐的快乐。

黄瓜大餐

活动反思

幼儿把幼儿园种植收获的黄瓜带回家，制作成美食，和家人一起分享品尝，既增进了与家人之间的感情，又加深了幼儿分享活动的情感体验。

六、主题活动总反思

回想与孩子们一起种植黄瓜的整个活动过程，我们认识到教师与环境在幼儿的发展中所起的重要作用。

教师要善于捕捉幼儿的兴趣和需要，做出价值判断，从而把教育目标寓于幼儿的兴趣之中，物化在环境之中，生成有价值意义的教育活动。比如，本次活动是在教师了解幼儿的种植兴趣和对种植的渴望后，分析了幼儿从种植中可获得的经验与教育价值，又把幼儿喜欢吃黄瓜的教育目标融入其中。从幼儿喜欢种植的兴趣点入手，以黄瓜为载体，与幼儿一起种植黄瓜，既满足了幼儿种植的需要，又让幼儿在种植管理过程中感知黄瓜的培育过程、生长变化、生长条件等，从中获得各种有益的经验和体验，增进幼儿对种植的全面了解。在对黄瓜幼苗的照料中，幼儿倾注了自己的感情，从而发自内心地喜欢种植。从种植初始，到黄瓜结果，幼儿在不断地观察、比较、发现、探索的过程中，通过与环境的相互作用，学习和经验得到了生成和深化，对黄瓜的感情也在不断加深，收到了预期效果。

日常生活中蕴藏着许多学习的机会，教师要有敏锐的教育意识，不要错过每一次让幼儿学习的机会。比如拿几颗种子、怎么种植、怎么管理、怎么观察……都是幼儿学习的机会，教师要善于把握这些机会，让它们变成有意义的活动。同时，为了确保学习的有效性，教师必须不断提出挑战性的任务和提供必要的支持。比如，种子怎么种？怎样去拔草？什么时候去浇水？黄瓜发生了哪些变化？黄瓜花长得为什么不一样？在抛出这些问题后，再及时地给予幼儿相应的支持。比如，提供种植工具和可供幼儿记录黄瓜生长表格，请教有种植管理经验的牛爷爷，以及回家和家长一起查阅资料等。正是在教师设置的这些具有挑战性的问题和任务的引领下，以及为他们提供的相应支持下，幼儿得以一步步地与环境和材料互动，并从中获得许多有益的经验。

从中我们也发现，要培养幼儿的某种兴趣并把这种兴趣持续下去，教师的积极参与对幼儿来说能起到最好的带动作用。因为幼儿在和教师一起活动时，兴趣是最高的。此外，教师鼓励的语言、赞赏的目光，也会激励着幼儿去参与、去观察、去发现。当发现幼儿的好行为时，教师要给予赞赏，并在全班表扬。同时，还要为幼儿提供更多的表现与展示的机会，让幼儿获得成功感，增强自信心。而成功与自信又会促进幼儿自主发展并保持对某一事物的兴趣性，使之不断探索再获成功，从而形成一个良性循环。

文化滋养 篇

3

小班

书香润童心，阅读伴我行

李学敏　范敏敏　程娟娟

一、主题活动设计意图

《幼儿园工作规程》中明确指出："创设与教育相适应的环境为幼儿提供活动和表现能力的机会与条件。"良好的环境能激发幼儿的阅读兴趣，帮助幼儿养成良好的阅读习惯。阅读，对幼儿的成长具有重要的影响。教师应通过正确的引导，培养幼儿的阅读兴趣，提高阅读能力，有利于幼儿增长知识、开阔眼界、陶冶情操，对幼儿进入书面语言阶段的阅读也大有帮助。

二、主题活动网络图

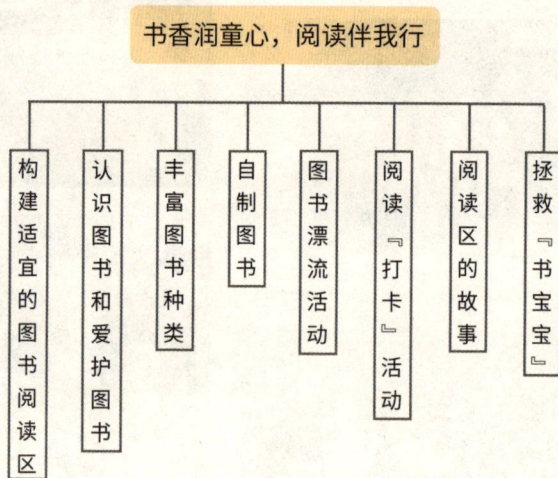

```
              书香润童心，阅读伴我行
  ┌─────┬─────┬─────┬─────┬─────┬─────┬─────┐
构建    认识    丰富    自制    图书    阅读    阅读    拯救
适宜    图书    图书    图书    漂流    『打    区的    『书
的      和爱    种类           活动    卡』    故事    宝宝
图书    护图                           活动            』
阅读    书
区
```

三、主题活动总目标

阅读区是幼儿园室内区域活动之一，鉴于小班幼儿的年龄特点和身心发展水平，我们将本次阅读区的活动总目标定位为以培养和提高幼儿的阅读兴趣为主。

四、主题活动准备

1.开展本次阅读活动前，我们在班里组织了谈话活动，了解到孩子们的阅读兴趣浓厚；与家长们进行沟通后，也得到了他们的积极响应和支持。

2.我们为孩子们甄选了适合小班年龄阅读的图书，营造了温馨舒适的阅读区环境。

五、主题活动实施过程

活动一　构建适宜的图书阅读区

活动目标

为幼儿创设适宜的阅读环境。

活动准备

书籍、书架、地毯、靠垫。

活动过程与实录

我们选取了空间适宜的位置作为图书阅读区：靠近窗户，光线充足，采光条件好，面积能满足五六个幼儿安静阅读。阅读区设置在相对安静的角落，避免了邻近"娃娃家"、建构区等相对活跃的区域的干扰。家长们也热心班级事务，为孩子们带来了沙发、毛绒玩具等（以前只有一个书架和一块地毯）。我们还在阅读区投放了柔软舒适的靠垫，营造了温馨舒适的阅读氛围。对于小班幼儿，靠垫的色彩明亮、造型卡通，将有利于吸引他们到阅读区来，从而喜欢上阅读。就书架的摆放位置而言，我们觉得还不够理想，因为孩子们在取放图书时会打扰其他正在阅读的孩子。存在的其他问题还有阅读材料数量不足、图书种类不够丰富等。于是，我们鼓励幼儿及家长将自己家里的图书带到班里的阅读区进行分享，学期末再安排幼儿将自己的图书带回家。小班幼儿由于受思

丰富阅读书籍

科学创设阅读区环境

维及认知发展水平的限制，适合看一些贴近生活经验、情节简单、色彩鲜明、造型具体突出、以图为主的图书。例如，《大卫上学去》《脸，脸，各种各样的脸》《我妈妈》《我妈妈上班去了》等。此外，小班幼儿通常喜欢把图书当作玩具，所以为他们选择的图书应当装订牢固、纸质厚韧，避免图书损坏和安全隐患。

活动反思

阅读区的空间如果能再宽敞一些，孩子们取放图书的过程就不会打扰到其他孩子阅读了。阅读区周边的墙面、窗台等环境设计需要适宜幼儿的阅读，并且我们要常换常新，打造更好的阅读环境。

活动二　认识图书和爱护图书

活动目标
让幼儿了解图书的组成，养成爱护图书的好习惯。

活动准备
为每位幼儿准备一本图书；爱书小视频。

活动过程与实录

在活动室里，阅读区从来不缺光顾者，但是鲜有专注阅读、持久阅读的幼儿。一下翻三五页、从中间开始看、倒看图书等情况，对于刚入园的小班幼儿来说，更是屡见不鲜。于是，认识书、怎样读书，就成了我们的"第一堂课"。课上，我先为孩子们介绍了图书的基本组成，包括封面、封底、环衬、扉页、页码等。当然，我还告诉他们要学会从前往后一页一页地看书，这个需要幼儿多些时日练习才行！孩子们一个个睁大了眼睛看着我介绍图书，竖起耳朵听着这些陌生又有点难懂的名词。但是，他们的理解和记忆能力是不容我们小觑的。

理论加实践，才是我们获得真知的必经之路。我为每位幼儿都准备了一本书，让大家来重新认识一下既熟悉又陌生的图书。孩子们拿到书后兴致盎然地翻阅着，在这个过程中，我发现有的孩子是倒着拿书，及时地进行了纠正，毕竟好的习惯需要给他们点时间来养成。就在这时，雨鑫像发现了新大陆一般叫起来："老师，我的书没有页码！"没等我走到她身边，子航也说："老师，我的也没有。"刚才在介绍图书的时候，我说过书的一角都有页码。经过孩子们的提醒与质疑，我这才发现有的书确实没有页码。这是我的疏忽，看来给孩子们传授知识与经验的确需要严谨的态度。阅读过程中，有几个男孩把书卷起来做纸筒状，艺赫还把书当成望远镜来玩，我发现后立即制止了这种损坏图书的行为。为了防止类似这种损坏图书的行为再次发生，"第二课"随即上场——爱护图书。苦口婆心的说教对于小班的孩子们来说，收效甚微，因为一眨眼的工夫，航宇又犯了同样的错误，看来需要借助网络的强大力量。结合孩子们爱看动画片的特点，我组织他们观看了爱书小视频，来增强他们爱护图书的意识。

介绍图书

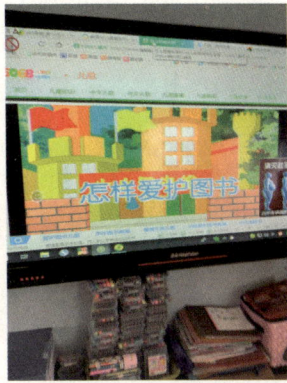

观看爱书小视频

活动反思

图书对于孩子们来说并不陌生，但是怎样阅读，阅读时需要养成哪些好习惯，孩子们还很懵懂，需要教师进行引导和帮助。真正的阅读从养成良好的阅读习惯开始，包括从前往后逐页地进行阅读，不撕书、不在书上乱涂乱画等。孩子们在教师的讲解下，一边听一边翻书，对书的组成部分有了了解。但是，有些孩子对书的兴趣很快转化成了"玩书"，不知道爱护书籍，这需要教师通过多种方式进行引导。

活动三　丰富图书种类

活动目标
丰富图书种类，进一步激发幼儿的阅读兴趣。

活动准备
多种材质的书籍，如洞洞书、布书、立体书等。

活动过程与实录

随着现代社会的进步，书籍类别越来越丰富，图书的材质也是别出心裁，花样繁多。这类图书在设计上有立体、空间、声音、形象与图像的延伸，增加了趣味效果，具有可操作性，能够吸引孩子们的注意力，激发阅读兴趣，积极与书进行互动。孩子们坠入想象的空间，开、关、推、拉、捏，图书变得鲜活起来。

阅读区已经有两天无人问津了，静心一想，为何不给他们制造一点惊喜呢？于是，我把家中"好玩"的图书带到了班里，洞洞书、立体书、布书等，成功吸引了孩子们的眼球。下午离园前我对这些书进行了简单的介绍，看孩子们的表现，心想阅读区明天会很火爆。果不其然，第二天，阅读区成了"香饽饽"，孩子们都对这些书爱不释手。

布　书

立体书

拼图书

活动反思

孩子们对于新奇的东西总是特别感兴趣。新式图书对于大多数孩子来说，还是第一次接触，所以阅读兴趣很高。他们不由瞪大眼睛，有的甚至站起来走到老师面前想要一睹为快。这些"特别"的图书，不仅激发了孩子们的阅读兴趣，还增长了他们的见识和知识。

活动四　自制图书

活动目标

通过亲自动手制作图书，培养幼儿的读书兴趣并知道珍惜图书。

活动准备

制作图书的各种材料，如纸、彩笔等。

活动过程与实录

为了丰富我们班的图书类别，给幼儿创造丰富多元的阅读环境，让幼儿爱上读书，我们班开展了亲子自制图书活动。让孩子们通过阅读自己或同伴的作品，进一步感受阅读的快乐，提升阅读的兴趣，从而对书籍更加珍爱。在此过程中，孩子们通过动脑动手所制作的图书，精彩纷呈，视角各不相同，形式新颖独特：有的手绘插图，立体呈现；有的实物粘贴，配以文字……看着各具创意的自制图书，孩子们爱不释手。在活动中，孩子们进一步了解了图书的作用和结构，培养了幼儿热爱图书的情感，激发了幼儿热爱读书的兴趣，使幼儿体会到读书有益。

丰富有趣的自制图书

活动反思

这次活动，提高了家长参与幼儿园教育活动的积极性，让家长走进孩子的阅读世界。我觉得这是家园互动的一次有效方式，也是增进亲子感情的一条纽带。通过自制图书，孩子能更深切地体会家长对自己所倾注的爱心，家长与孩子的感情交流得到加深。让孩子们参与整个制作过程，有利于发挥幼儿的想象力、创造力和动手能力，享受亲子合作的快乐。自制图书活动的开展，同时也为孩子们增设了一条阅读途径。

活动五　图书漂流活动

活动目标

让幼儿阅读的书籍更加丰富，激发幼儿的阅读兴趣。

活动准备

图书漂流小书包、阅读记录本。

活动过程与实录

阅读对幼儿的成长至关重要，而科学有效的阅读方式对激发幼儿的阅读兴趣、培养幼儿良好的阅读习惯、提高幼儿的生活品质起着关键性的作用。图书漂流活动在我们班开展，让书漂流，让书香在班里漫溢。我们从图书借阅室为孩子们选取适宜的图书放进小书包，如《阿立会穿裤子了》《小阿力的大学校》《天啊，错了》《阿迪和朱莉》等。每天有四个小朋友可以把书带回家阅读，由家长简单记录孩子阅读的感受与收获。活动开展得很顺利，孩子们在离园时间都争相要把小书包带回家。这种好书共享的方式温馨而富有意义。

图书漂流活动真正为一些孩子提供了阅读的机会和平台。我们班的瑞瑞小朋友，是第一个拿到图书漂流小书包的孩子，他的妈妈不太注重对孩子阅读的积累和引导，给我留言："我的孩子——给他读书，他没有什么感受，什么都不懂。"当时我在心里就想，或许就是家长的问题才导致孩子现在这样的一个情况。对于这类孩子，图书漂流才真正实现了它的意义。

| 图书漂流小书包 | 图书阅读和记录本 | 阅读记录 |

活动反思

图书漂流活动为孩子们提供了广阔的阅读空间和展示平台，让孩子们能读到更多的好书，让更多的孩子在参与过程中养成好的阅读习惯，极大地满足了他们的阅读愿望。兴趣是阅读的先导，是形成阅读能力的前提条件。图书漂流过程中，种类丰富的书籍使得幼儿阅读兴趣倍增。我们利用这个契机，引导孩子们去读更多有意义的书籍，进而培养他们的学习能力，增长知识。因为图书是"流动"的，孩子们在阅读的时候会更加用心，阅读质量大大提高。

活动六　阅读"打卡"活动

活动目标
让幼儿养成阅读的好习惯。

活动准备
图书。

活动过程与实录

　　"以前孩子从幼儿园回来，最爱干的事情就是玩手机和看电视，现在孩子每天晚上都主动要求读书。"毅哲妈妈在班级群里告诉我。阅读"打卡"活动，要求家长在 21 天里，每天都要在群里分享与孩子读书的照片（写上书名），或者让孩子用语音分享自己读书的感受。尤其对于年纪小的孩子，"打卡"读书就像在做游戏一样，他们每天到了读书的时间都很兴奋。连续 21 天每天晚上"打卡"

亲子共读的温馨画面

报到，增强了读书的仪式感。我们班有三分之二的幼儿都做到了连续"打卡"，获得了"阅读小明星"奖状；其他孩子中有的只坚持了两三天，有的没有参与这项活动。这与家长对阅读的重视程度有关，但大部分家长都觉得这种读书方式能够制造浓厚的阅读氛围，便于分享，有助于孩子养成良好的阅读习惯。

活动反思

　　瑞瑞小朋友的家长在班级群给我留言说，他家现在一直保持着亲子阅读的习惯，阅读“打卡”活动结束后，会继续坚持与孩子共读。此次活动不仅能帮助孩子们养成阅读习惯，还能密切亲子关系，我想这也是活动的初衷！

孩子们在每天与家长“亲子共读”的过程中，在爸爸妈妈的陪伴与爱护中，畅游在故事的海洋里，有利于养成阅读的好习惯。孩子们在阅读中，不仅获得了行为引导、增长了知识、明白了道理，更收获了甜蜜的亲子关系。

活动七　阅读区的故事

活动目标

引导孩子耐心地阅读。

活动过程与实录

观察对象：阅读区的铭瑞

观察时间：2018 年 11 月 8 日

阅读区的小朋友，每人选择好喜欢的书后就找了个位置坐下来阅读，铭瑞也不例外。他找了一本《大卫，不可以》绘本，才翻了几下就去换了一本，随意地翻了几下后又要准备去换了。我轻声阻止：“铭瑞，你应该再仔细地看看，不要急着换书。”他噘着小嘴对我说：“老师，我都看完啦。”说完又去换了一本。

活动反思

幼儿由于年龄小，生活经历少，对画面上的内容不能完全理解，对于连续的画面更不会考虑前因后果，所以就随便翻一翻，看一看新鲜就完了。铭瑞之所以会这样，可能只是为看书而看书，不够投入，看书时草草地翻几下，然后就感觉“我看完了”，这样根本达不到阅读的目的。第二天，我让铭瑞选好书，然后坐下来跟他一起阅读，这样他就不会因为看不懂而没有耐心读完，也不会为了看书而看书。同时，幼儿也可以借助同伴的阅读经验，理解画面的内容，享受阅读的快乐。

活动八　拯救“书宝宝”

活动目标

让孩子们懂得破损的书籍要及时修补，要爱护图书。

活动准备

破损的图书、白纸胶带、剪刀、胶棒等。

活动过程与实录

区域活动时，子航拿着一本书告诉我："老师，这本书烂了。"原来是前几天我和孩子们一起分享阅读的那本《花格子大象艾玛》，莫非是由于孩子们太喜欢这本书，被翻烂了？原因我也不得而知。不过很明显的是，封面是被撕烂的。

下午我在整理书架的时候，又发现《睡觉去，小怪物》这本书最里面的两页掉了下来，看起来像是时间长了订书钉把书页划破了。我想，不能让这些"受伤"的书

教孩子们修补图书

继续"伤心"下去。于是在区域活动结束后，我趁机又给孩子们上了一堂"爱护图书"的教育课。

虽然我们经常提醒孩子们取放图书时要小心、爱惜图书等，但有的孩子还是不太注意。再者，图书经常被翻阅，很容易松动，导致书页散落。因此让孩子们学会拯救"书宝宝"，也是非常有必要的。我首先向孩子们展示了两本"受伤"的图书，问他们图书破损了应该怎么办。艺赫第一个抢着说："把它粘起来！"我问他："那你会粘吗？"他不好意思地摇摇头。接着，我把提前准备好的胶棒、胶带、白纸、剪刀等，向大家进行了介绍，并说明怎么用它们修补破损的图书。孩子们学会后，很快就把破损的图书修补好了。

鉴于小班幼儿的动手操作能力相对较弱，我最后提醒他们：如果发现有破损的图书，可以拿着来找老师，我们一起把它修补好，让"受伤"的书"破涕为笑"！

活动反思

随着孩子们年龄的增长，各方面能力的增强，可以单独留给他们一个小空间，开一个"图书诊所"，放手让他们去体验作为图书"小医生"的快乐！

六、主题活动总反思

幼儿期是孩子阅读兴趣和阅读习惯培养的重要阶段，阅读兴趣和习惯培养的重要性也无需过多地赘述。阅读带给孩子的影响是潜移默化、水到渠成的，对于图书中的语言结构、用词方式等，孩子们会在阅读过程中慢慢习得。俗话说"书读百遍，其义自见"，词语、成语无须我们去解释，孩子们在反复的阅读中就会理解其深意，并能在生活中恰到好处地运用，这难道不是阅读的力量吗？

幼儿需要我们来帮助奠定阅读基础，筑牢阅读根基，希望每个幼儿将来都能把阅读作为生活中不可或缺的一部分。阅读的好习惯需要家园配合，需要家长和教师都能在幼儿成长的每一天，抓住时机，引导、陪伴、吸引幼儿全身心投入阅读中。只有在生活中真正地与孩子共读，引导孩子自主阅读，相信无论家长、教师还是孩子，都会品尝到阅读带来的美妙滋味。

中班

古诗——滋养心灵的沃土

李占美

一、主题活动设计意图

在我国五千年文明的历史长河中，孕育了博大精深的中华文化。古典诗词作为中华文化中的明珠瑰宝，更是经久不衰。它们内涵深刻，意存高远，包含着很多哲理。学习古典诗词，有利于陶冶情操，加强修养，丰富思想。因此，让幼儿从小诵读古典诗词，不仅能品味诗的优美意境，促进口语的发展，增强记忆力，提高创造力和想象力，更能陶冶情操，启迪智慧；从而促进幼儿人格的健全发展，增加幼儿对中国传统文化的了解和认识，在幼儿纯洁的心灵上留下鲜明的文化烙印，在一定程度上对于中国传统文化的继承和弘扬也有着重要的作用和意义。

二、主题活动网络图

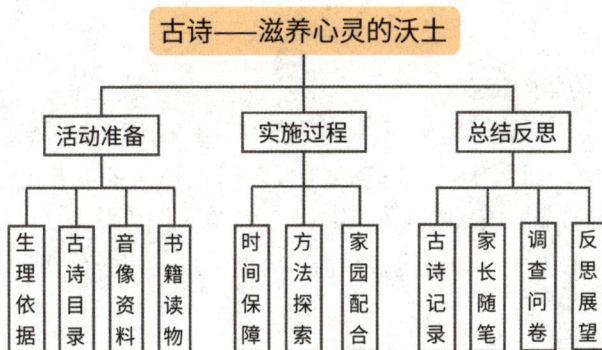

```
              古诗——滋养心灵的沃土
        ┌───────────┼───────────┐
     活动准备       实施过程       总结反思
   ┌──┬──┬──┐   ┌──┬──┬──┐   ┌──┬──┬──┐
  生 古 音 书   时 方 家   古 家 调 反
  理 诗 像 籍   间 法 园   诗 长 查 思
  依 目 资 读   保 探 配   记 随 问 展
  据 录 料 物   障 索 合   录 笔 卷 望
```

三、主题活动总目标

1. 知道古诗的含义，乐于背诵古诗。

2. 尝试用配乐诵读、歌唱、表演、绘画等方式学习古诗，感受古诗的韵律美，激发幼儿吟唱古诗的乐趣。

3. 促进幼儿口语的发展，增强记忆力，提高创造力和想象力，陶冶情操，促进人格的健全发展。

四、主题活动准备

1. 生理准备：寻找幼儿学习古诗的理论依据和支持。

2. 物质准备：搜集大量的书籍读物、音像资料等，在具体实施过程中进行打击乐器、服装、背景音乐等各方面的准备。

五、主题活动实施过程

（一）活动准备阶段。

1. 幼儿学习古诗的生理依据。

幼儿正处于大脑和各种能力发展最快的时期，这个时期孩子学习的重心在右脑，头脑储存了许多实物、符号与表象，语言理解能力高速发展，掌握各种式样、节奏、声音、押韵形式，有较强的同化能力。而古诗韵律优美，语言精练，对仗工整，节奏感强，富有想象力，适合幼儿的认知特点，能充分刺激右脑；利用幼儿的直觉记忆力和潜意识，在自然状态下快乐吸收，从而增强其记忆力，提高创造力和想象力。有研究表明：幼儿在背诵过程中精神完全放松、舒展，朗诵与潜意识互动，可提高创造力、注意力和判断力。幼儿在古诗诵读中，记忆目标不断明确，记忆习惯随机养成，记忆潜能也能得到有效开发。

2. 内容选择的原则。

（1）依据幼儿的年龄特点。

幼儿相对年龄小，知识经验缺乏，理解能力还不够强，应选择语义浅显、用字自然、感染力强的诗句，如《咏鹅》是骆宾王 7 岁时创作的一首五言古诗，句式短小简单，朗朗上口，容易理解；又如邵雍的《一去二三里》："一去二三里，烟村四五家。亭台六七座，八九十枝花。"内容浅显易懂，合辙上口，节奏自然明快，幼儿易记诵，自然会兴趣浓厚。

（2）蕴含积极的教育意义。

幼儿正处于人生中可塑性最强的阶段，进行良好性格的培养、高尚情操的熏陶，显得格外重要。学习古诗正是因为它蕴含着丰富的智慧和哲理，比如李绅的《悯农》："锄禾日当午，汗滴禾下土。谁知盘中餐，粒粒皆辛苦。"尤其在如今衣食无忧的社会，唯有让幼儿体会古诗中的意境，才会使其更好地珍惜现在的美好生活；又如孟郊的《游子吟》，教育幼儿了解母爱的无私和伟大，引导幼儿关爱自己的母亲。这些具有哲学启蒙知识的作品，深得幼儿喜爱，使幼儿在快乐愉悦的学习中获得更多生活启迪和人生道理。

（3）选择与季节相符的古诗。

一年有四季，季节特征不一，孩子对此感受较深。若能根据季节的变化相应选择一些诗词学习，会收到事半功倍的效果。比如，当春花烂漫时，一首杜甫的《江畔独步寻花》让孩子感受到花团锦簇；当秋意正浓时，一首杜牧的《山行》，定会把秋天衬托得无比绚烂；当皑皑白雪覆盖大地时，柳宗元的《江雪》便是最好的选择。孩子们通过诗词呈现的意境会产生身临其境的感觉，学习的效果可想而知。

（4）结合节日学习古诗

我国历史悠久，有很多具有深远意义和纪念价值的节日，若能结合这些节日来学习古诗，会有意想不到的效果。比如，春节来临之际学习王安石的《元日》，清明节学习杜牧的《清明》，重阳节学习王维的《九月九日忆山东兄弟》等。通过古诗对幼儿进行教育，不仅可以让幼儿对中国传统节日有更深的印象和了解，更让幼儿在悄然无声中学会了更多名诗古句。

3. 多种举措选择古诗内容。

（1）请家长集思广益，选择诵读古诗篇目。在班级群发出通知以后，家长们热情高涨，共收集到 45 份古诗内容，多达 500 首。

班级群通知

古诗内容

（2）收集多种古诗读物、音像资料。

（3）利用网络收集古诗视频、动画等。

（4）关注古诗学习类的公众号，及时获得诵读新动向。

4.古诗分类。

（1）四季诗。

①春景：《游园不值》《江南春》《咏柳》《早春》《春日》《江南春》《鸟鸣涧》等。

②夏景：《山亭夏日》《晓出净慈寺送林子方》《赠荷花》《晚晴》《小池》《饮湖上初晴后雨》《夏夜追凉》《采莲曲》等。

③秋景：《天净沙·秋思》《山居秋暝》《夜雨寄北》《枫桥夜泊》《山行》《秋夕》等。

④冬景：《江雪》《问刘十九》《梅花》《北风行》《夜雪》《对雪》《早冬》等。

（2）哲理类。

《游山西村》《望岳》《题西林壁》《离思》《寻隐者不遇》等。

（3）送别诗。

《望月怀远》《别董大》《芙蓉楼送辛渐》《泊船瓜州》《渡汉江》《送杜少府之任蜀州》《送元二使安西》《赠汪伦》《黄鹤楼送孟浩然之广陵》等。

（4）其他类。

《竹石》《石灰吟》《凉州词》《马诗》《出塞》《静夜思》《望庐山瀑布》《明日歌》《长歌行》《早发白帝城》《鹿柴》等。

（二）古诗活动开展阶段。

1.时间的保证。

（1）遵循"一周一诗"原则，每周利用一次集体教育活动时间集中进行讲解、领诵，让孩子们能在理解的基础上有韵味地背诵。

（2）利用入园、离园、就餐前、午睡散步时间进行吟诵，复习巩固。

（3）及时把诗词学习的内容发到班级群、论坛，张贴到家长联系栏，让家长和幼儿在家共同吟诵。

2.探索有效的、灵活多样的教学方法。

（1）环境陶冶法。

在班级环境布置中设置"古诗天地"等栏目，在区域游戏中为幼儿提供诵读古诗的舞台，投放多样性的古典文学丛书，时常更换图文并茂的古诗词类图书，潜移默化地培养幼儿对古诗的兴趣，让幼儿沉浸在浓浓的艺术氛围中。

（2）故事讲解法。

故事是幼儿容易理解和喜闻乐见的形式，故根据古诗的内容编成一个小故事，幼儿对古诗就会有初步的概念和理解，然后再学习古诗

古诗词类图书

会取得事半功倍的效果。在编故事时，要把诗中难以理解的词语和诗句变成通俗易懂的语言，并把古诗中省略的意思补充扩展，达到帮助幼儿充分理解古诗内容的目的。如在学习《回乡偶书》时，我编了一个白胡子老爷爷回家乡的故事，孩子们非常感兴趣，之后再学习古诗，轻松而有效。

（3）动画演绎法。

苏霍姆林斯基说过："儿童是用形象、色彩、声音来思维的。"为了避免幼儿在诵读过程中出现枯燥乏味、诵读疲劳等情况，我们借助多种手段，通过一幅图片、一段音乐、一个有趣的课件……化静为动，化抽象为具体，变无声为有声，再现古诗所表现的内容，激发幼儿的诵读兴趣，感受古诗意境。如在学习《望庐山瀑布》时，先放映庐山的风景片，当幼儿被美景陶醉时，教师再娓娓读出诗句，让幼儿有身临其境之感。

学习《望庐山瀑布》

（4）吟诵激趣法。

在理解古诗寓意的基础上，让幼儿学做"小诗人"，声情并茂地吟诵古诗，既可以锻炼幼儿的口语能力——口齿清楚伶俐，吐音准确流畅，又能让幼儿品味古诗的优美意境，陶冶情操，启迪智慧。

（5）情境表演法。

结合幼儿好动、爱表演的特征，在古诗教学中，让幼儿运用肢体将古诗的意境表演出来，从而调动幼儿的视觉、听觉等多种感官的参与，这样会使学习古诗变得更加有趣味性。如在学习杜甫的《江畔独步寻花》教学活动中，给幼儿穿上古人服饰，手拿桃花，抑扬顿挫地吟诵"桃花一簇开无主，可爱深红爱浅红"，很好地演绎了此诗的意境，达到了学习的效果。

演绎《江畔独步寻花》

（6）实境操练法。

带领幼儿来到柳树下，引导幼儿观察：那细长嫩绿的叶子发出亮丽的光彩，不正像那"碧玉"吗？柔顺的枝条倒垂而下，不正像那轻柔的绿色丝带吗？欣赏和形象解释的方法，让幼儿愉悦地感受到诗歌的凝练和拟人化的语言，感受诗人热爱大自然的美好情感。

在柳树下诵读古诗

观察荷花，诵读古诗

带领幼儿欣赏满池荷花，触景生情吟诵古诗。看着亭亭玉立的荷花，接连无边的碧叶，孩子们齐诵"接天莲叶无穷碧，映日荷花别样红"，在实景中切实感受了诗的韵味和意境。

（7）创作绘画法。

当幼儿对一首古诗达到了简单理解的要求以后，就开始尝试让幼儿进行绘画创作。幼儿将欣赏荷花时心中的诗意画了出来，作品千姿百态，无一相同。

（8）欣赏歌唱法。

不同内容的古诗都配有不同旋律的音乐，唱诗是将诗、乐相结合，以生动活泼的方式对幼儿进行传统文化教育，这种教学方式可以提高幼儿对古诗的学习兴趣，加深、加快幼儿对古诗的记忆。

绘画荷花

合唱古诗

（9）竞赛法。

孩子们的竞赛意识增强，并初步形成了一定的合作意识。我们常常开展一些个人或小组的竞赛，比一比，看谁诵读的古诗多，看谁反应快，看哪一组配合默契，如"古诗接龙""中三班诗词大会"等活动。这些活动既锻炼了幼儿的听说能力、反应能力，又培养了幼儿的合作、竞争意识及集体荣誉感，为幼儿创设了一个"想说、敢说、喜欢说的语言环境"。

开展古诗诵读比赛

（10）榜样示范法。

幼儿本是乐于念诵乐于反复的，尤其是团体的朗诵，抑扬顿挫，书声琅琅。为了让幼儿形成乐于诵读的好习惯，我们开展了多种形式的诵读活动："今天我当小老师"，让幼儿当"小老师"带领其他孩子诵读；带领孩子观看全国诗词大会比赛，以冠军外卖小哥雷海伟为榜样，激发孩子们吟诵古诗的热情。

观看全国诗词大会比赛

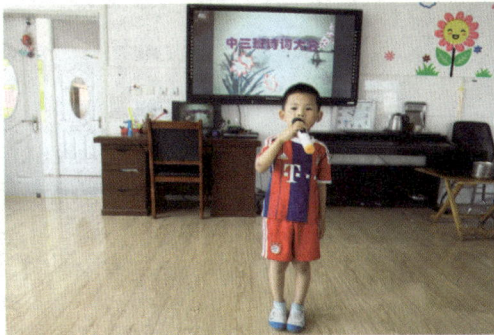

"今天我当小老师"诵读活动

（11）游戏巩固法。

在传统游戏中，加入古诗元素，让孩子们对于游戏与古诗的结合兴趣盎然。比如《炒黄豆》中的"炒炒炒，炒黄豆"，改为五言诗《春晓》等，从每一句的最后一个字开始翻，孩子们玩得不亦乐乎。

做古诗游戏

（12）律动展示法。

让幼儿利用打击乐器吟诵古诗，更好地体会古诗的韵律。

六、主题活动总反思

（一）古诗学习记录。

为了能更好地对幼儿学习古诗的过程进行总结反思，我认真做好古诗学习记录。

小三班古诗学习记录表

计数	日期	古诗名称	计数	日期	古诗名称
1	10.03	《春晓》	19	2017.12.13	《江雪》
2	10.25	《咏鹅》	20	2017.12.19	《别董大》
3	11.06	《登鹳雀楼》	21	2017.12.25	《夜雪》
4	11.15	《悯农》	22	2018.01.02	《对雪》
5	02.02	《春夜喜雨》	23	2018.01.10	《赠汪伦》
6	03.06	《咏柳》	24	2018.01.15	《鹿柴》
7	03.08	《赋得古原草送别》	25	2018.01.15	《元日》
8	03.13	《江南春》	26	2018.03.07	《惠崇春江晚景》
9	03.24	《梅花》	27	2018.03.13	《早春呈水部张十八员外》
10	9月	《九月九日忆山东兄弟》	28	2018.03.20	《春日》
11	9月	《山行》	29	2018.03.26	《春游曲》
12	9月	《暮江吟》	30	2018.04.02	《春雪》
13	10月	《墨梅》	31	2018.04.09	《江畔独步寻花》
14	10月	《出塞》	32	2018.04.23	《渔歌子》
15	10月	《小池》	33	2018.04.26	《大林寺桃花》
16	10月	《逢雪宿芙蓉山主人》	34	2018.05.02	《早发白帝城》
17	11月	《问刘十九》	35	2018.05.04	《山亭夏日》
18	11月	《白雪歌送武判官归京》	36	2018.05.14	《晓出净慈寺送林子方》

古诗学习记录表

（二）家园配合助力古诗诵读反思。

《纲要》中指出："家庭是幼儿园重要的合作伙伴。"古诗诵读活动，得到了家长的鼓励与支持，我们借助家长的力量一起进行古诗诵读教学活动。家长的出谋划策——提出以故事、小品等形式来演绎古诗，给我提供了更多学习古诗的思路；每天晚上家长都会在家和孩子一起复习背诵古诗，并把孩子背诵的语音或视频发到班级群，掀起了古诗吟诵的热潮。

1. 家长调查问卷。

本次活动共收到 25 份调查问卷。从问卷中，我普遍感到幼儿诵读经典古诗后，学习态度、兴趣、记忆能力、语言表达能力呈现了明显的上升趋势，家长们都认为对幼儿进行经典古诗诵读教学是很有成效的，使幼儿的综合素养得到了很大的提高。幼儿的学习兴趣和知识面、能力、行为习惯等方面，进步也非常明显。

中三班学习古诗调查问卷

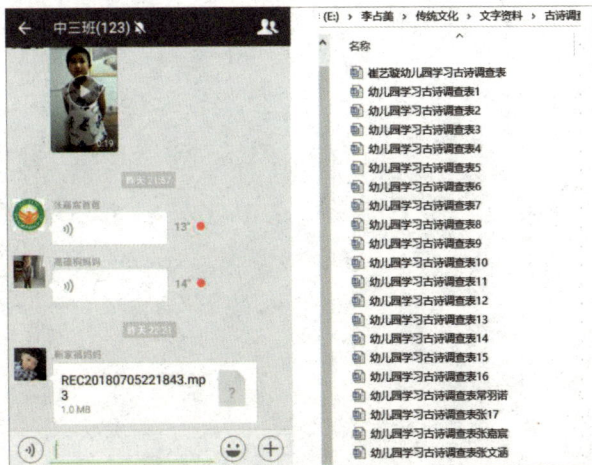

姓名：张嘉宸　　性别：男

1. 您的孩子喜欢背诵古诗吗？（ A ）

　A.喜欢　　B.不喜欢　　C.无所谓　　D.不知道

2. 您的孩子有固定的背诵古诗的时间吗？（ A ）

　A.有　　B.没有

3. 您认为您的孩子背诵古诗对将来的语文学习有用吗？（ A ）

　A.用处很大　　B.没有用处　　C.根本不会用　　D.不知道

4. 您的孩子在日常生活中是否运用以前学习过的诗句？（ A ）

　A.能熟练运用　　B.有时运用　　C.根本不会用　　D.用不着

5. 您的孩子对新的古诗学习是什么态度？（ A ）

　A.很渴望　　B.有点渴望　　C.怕学不会，有畏惧感　　D.无所谓

6. 您是否有科学的督促孩子学习古诗的方法？（ B ）

　A.有　　B.没找到　　C.没有

7. 您的孩子对已学过的古诗掌握情况是（ A ）

　A.完全掌握　　B.基本掌握　　C.没有掌握

8. 您对您的孩子古诗学习的评价为（ A ）

　A.较好　　B.一般　　C.较差

9. 在古诗背诵活动中，您的孩子愿意和您一起交流吗？（ A ）

　A.愿意　　B.不愿意

10. 您觉得您的孩子自从学习古诗背诵活动后有什么变化？

　提高了表达能力，触景生情会吟诵学过的诗句。

11. 您对学习古诗有什么好的建议？

　学习古诗可以应时应景，读音更准确，希望多组织古诗比赛。

学习古诗调查问卷

幼儿园学习古诗调查信息

2. 诗意雅趣。

家长记录：我和宝宝一起去翠园湖钓鱼游玩，宝宝看着波光粼粼的湖面，忽然诗兴大发："水光潋滟晴方好，山色空蒙雨亦奇。"我激动地抱起他转了好几个圈，感谢老师教会他体味这么美好的诗意。

教师手记：春天我们去游植物园，看着满眼的花儿和嫩芽，真让人心醉。这时，嘉宸等几个小朋友大声吟诵："万树江边杏，新开一夜风。满园深浅色，照在绿波中。"这是我们刚学习的王涯的《春游曲》，用得真是应景啊！李老师和我说："除了没有江边，其他都非常非常应景！"是啊，你看那满园的颜色深浅不一的花儿，不正符合了孩子们满眼的诗意吗？

3. 反思展望。

"读史书使人明智，读诗书使人灵秀。"学习古诗不仅能使人灵秀，更重要的是使人脱离庸俗和低级趣味，更加文明和高雅。学习古诗能造就或改变一个人的性格，能使人的志向、情操得到陶冶和升华。一首好诗就是一位良师益友，学习古诗犹如在花的世界中徜徉，染其色、闻其香、尝其味，不断地提高自己的文化修养、净化自己的灵魂、开阔自己的视野，获得身体和精神上的健康。

"操千曲而后晓声，观千剑而后识器。"多让孩子们诵读经典古诗，不求追根寻底地理解，只要有大致的理会、模糊的了解即可。因为这是一个必不可少的文化沉淀和累积，并会随着生活经验和阅历的增加而逐步加深理解。让孩子在成长过程中体验诗意化的生活，迸发出澎湃的创造活力！

走进京剧

岳帅　孙瑞　张伟伟

一、主题活动设计意图

　　京剧，又称平剧、京戏等，是中国"五大戏曲"剧种之一；腔调以西皮、二黄为主，用胡琴和锣鼓等伴奏，被视为中国国粹，位列中国戏曲三鼎甲"榜首"。京剧走遍世界各地，成为介绍、传播中国传统艺术文化的重要媒介，被列入"人类非物质文化遗产代表作名录"。中国文化源远流长、博大精深，传承中国文化、礼仪之精髓的国粹——京剧，正逐渐被我们遗忘、淡去。作为文化的传播者——教师，应该让幼儿了解我国的优秀传统文化，增强文化自信，并一代一代地传承下去。让京剧走进幼儿园，走进幼儿的生活，让幼儿对京剧有初步的了解，增强对京剧的喜爱，从而加深对中国传统文化的热爱。

二、主题活动网络图

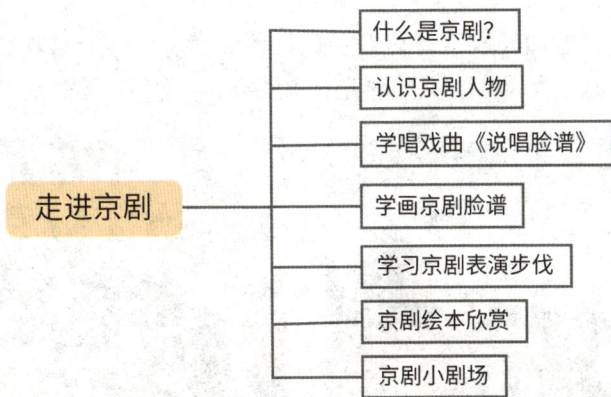

```
                        ┌─── 什么是京剧？
                        │
                        ├─── 认识京剧人物
                        │
                        ├─── 学唱戏曲《说唱脸谱》
                        │
          走进京剧 ──────┼─── 学画京剧脸谱
                        │
                        ├─── 学习京剧表演步伐
                        │
                        ├─── 京剧绘本欣赏
                        │
                        └─── 京剧小剧场
```

三、主题活动总目标

　　1.通过了解京剧的演唱风格、服饰、曲调、表演等，对京剧有一个初步的了解，激发幼儿热爱京剧的情感。

　　2.通过关于京剧的教育活动，让幼儿进一步感受京剧的魅力。

3. 在幼儿参与活动的同时，增强幼儿的动手能力、语言表达能力、相互协作以及人际交往能力。

4. 充分感受京剧的艺术之美，产生强烈的中国文化的自豪感。

四、主题活动准备

1. 环境准备：班内京剧小剧场的环境创设。

2. 物质准备：各种京剧的选段、视频、绘本、课件等。

五、主题活动实施过程

活动一　什么是京剧？

活动目标

1. 知道京剧是我国特有的剧种，初步了解京剧的特点。

2. 让幼儿在活动过程中产生对京剧的兴趣。

活动过程与实录

1. 激发兴趣。

播放京剧选段，请幼儿欣赏并讨论：这是什么表演？你最喜欢哪部分？（音乐、脸谱、服装、唱法等）为什么？引导幼儿对京剧有一个初步了解。

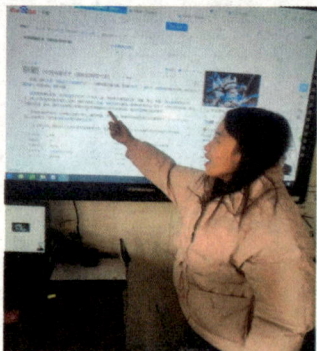

了解京剧　　　　　　　　　幼儿欣赏并讨论

2. 欣赏京剧并学会区分。

欣赏三种戏曲：黄梅戏、越剧和京剧。幼儿根据对京剧的初步感受，从三种戏曲中选出京剧选段。

3. 欣赏京剧中不同角色的服装，感受京剧服装的特点。

凤冠

云肩

腰悬玉带

阔袖

水袖

宽身

长度过膝

活动反思

　　幼儿有着与生俱来的好奇心和探究欲望，好奇、好问、好探索是幼儿的年龄特点。幼儿第一次这么近距离地接触京剧，就被京剧的神秘色彩所深深吸引，也对京剧有了一个基本的认识和初步的了解，同时也激发了幼儿对中华优秀传统文化的兴趣。当一个小朋友说自己的奶奶是京剧表演者的时候，其他孩子纷纷表现出的惊讶与崇拜，也使得这个小朋友由衷地感到自豪。由此看来，京剧已经在孩子们幼小的心里种下了一颗种子，也为下一步活动的开展打下了基础。

活动二　认识京剧人物

活动目标

1. 让幼儿在活动中进一步感受京剧的魅力。

2. 了解京剧人物（生、旦、净、丑），并能对京剧人物进行简单表述。

活动过程与实录

1.播放京剧选段，请幼儿欣赏并讨论选段中人物角色的特点。

2.比较欣赏京剧中的角色：生——小生、旦——女性、净——花脸、末——老生、丑——小丑。教师对京剧人物进行解说后，幼儿能简单对人物进行特点表述。

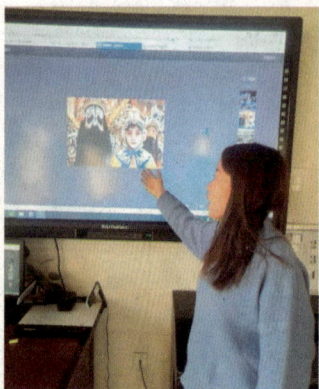

欣赏角色

介绍人物

讨论特点

3.欣赏著名京剧表演艺术家梅兰芳先生的表演，并对梅兰芳先生有初步了解。

活动反思

通过本次活动，幼儿对京剧人物有了基本的认识，也对京剧中的角色行当有了一定的了解；并且能在欣赏一段完整的京剧选段中对各个京剧角色做出区分，同时对各个角色的特点、属性有了一定的掌握。

活动三　学唱戏曲《说唱脸谱》

活动目标

1.感受京剧演唱在戏曲中的运用，学唱戏曲《说唱脸谱》。

2.体验《说唱脸谱》中的韵律感、节奏感。

活动过程与实录

整个活动分为三次进行，第一次学习主要段落，第二次学习说唱部分，第三次结合表演进行。

1. 教师介绍《说唱脸谱》的背景、主要角色；

2. 幼儿听京剧戏曲《说唱脸谱》；

3. 幼儿有节奏地念唱词；

4. 幼儿和教师一起唱《说唱脸谱》；

5. 随着戏曲，幼儿尝试用自己的动作边唱边做动作，比一比谁唱得好，谁舞得好。

学唱戏曲

活动反思

经过一段时间对京剧的了解，孩子们对京剧已不再陌生；京剧中奇特的唱腔、独特的艺术形式和表演风格，深深地吸引了孩子们的注意力。孩子们能捕捉到不同颜色脸谱代表的人物及其性格特点是不同的，并跟着音乐节奏，学着京剧人物的样子进行表演，真切地感受京剧的魅力。

活动四 学画京剧脸谱

活动目标

1. 观察京剧脸谱中五官的图案设计，鼓励幼儿用对称的方法来画京剧脸谱；并用夸张的线条、丰富的色彩等表现京剧脸谱的特征。

2. 在欣赏活动中，引导幼儿感受京剧脸谱艺术的美，激发其创作兴趣。

活动过程与实录

1. 观看京剧脸谱的图片，观察发现脸谱中五官的对称装饰。

认识脸谱

提问：这些都是京剧脸谱，你们发现了什么特点？最容易的一个办法是在眼睛中间找到中心点——鼻子，然后再画其他图案就很容易了。

小结：脸谱以鼻子为分界线，左右两边的眼睛、嘴型等都是对称的，颜色、图案、大小都是一样的，它们是对称图形。

2.幼儿自由涂色时，教师提醒幼儿注意颜色的对称。

眼部和嘴角的表情用夸张的线条表示，在脸上可装饰不同的花纹，涂色时先涂小的色块，最后刷上自己喜欢的水彩颜色。

3.幼儿作画，教师巡回指导。

教师鼓励幼儿大胆作画，充分发挥自己的想象，画出与众不同的脸谱；帮助绘画能力差的幼儿完成作品，体验成功的快乐。

4.展示、交流幼儿作品。

将幼儿涂色的脸谱剪下来，做成京剧脸谱的展示墙和面具。为提高幼儿的活动兴趣，可以请幼儿协助剪脸谱、将脸谱贴墙上等；脸谱面具做好后，可请幼儿戴着面具随京剧音乐自由表演。

绘画脸谱

脸谱绘画作品展

活动反思

《指南》中指出："艺术是人类感受美、表现美和创造美的重要形式，也是表达自己对周围世界的认识和情绪态度的独特方式。"通过欣赏大量的京剧脸谱，孩子们表现出了想自己设计脸谱的意向，发现了脸谱设计的小秘密——对称，并能很好地延伸到生活中，部分幼儿能列举出生活中许多有对称特性的物品。当孩子们看到自己设计的脸谱被粘贴到墙上展示，非常欣喜。

活动五　学习京剧表演步伐

活动目标

1.初步学习京剧演员的上场动作——圆场，听着鼓声节奏做圆场动作。

2.学习京剧表演中的各种步伐，锻炼幼儿的身体协调性。

活动过程与实录

1.谈话：京剧演员上场都是怎样走的？（幼儿试着模仿）

引导幼儿发现它和碎步的不同：碎步是用脚跟脚尖交替走路。试着走一走。

2.欣赏京剧"十八罗汉"跑圆场，集体练习走台步。

3.听教师的鼓声练习跑圆场，鼓的节奏根据幼儿情况逐渐由慢到快。

4.观看京剧选段中男女不同的圆场姿态，引导幼儿发现二者的差异之处，并能用动作来表现。

5.男、女幼儿练习各自的圆场动作。

练习京剧圆场动作

活动反思

《指南》中指出："具有一定的平衡能力，动作协调、灵敏。"幼儿阶段是平衡能力、协调能力和灵敏性发展的重要时期，这些身体素质获得一定的发展，能够促进幼儿神经系统和脑功能的完善，也是今后学习更多、更复杂动作技能的基础。京剧步伐不同于日常行走方式，京剧步伐的学习潜移默化中锻炼了幼儿的身体协调性和平衡性。看着孩子们脚下迈着不太娴熟的圆场步，我被一个个"小戏迷"的认真所感动。

活动六　京剧绘本欣赏

活动目标

1. 能用简单的话表述绘本内容，激发幼儿的想象力和创造力。
2. 进一步激发幼儿对京剧的喜爱。

活动过程与实录

1. 出示绘本，激发幼儿兴趣。
2. 教师结合图片讲述绘本内容。
3. 幼儿模仿武松打虎时的表情、动作。

教师讲述

幼儿模仿

附：绘本故事《京剧猫：武松打虎》

"迟到了！迟到了！"太阳升起老高了，武松猫匆匆忙忙往剧团赶。

今天可真不顺，刚沏了一杯茶，就撞上了老虎猫。老虎猫生气地大叫："嘿！看着点！"武松猫吓得连忙道歉。

老虎猫今天的脾气可真不好，后台所有的猫都有点儿怕他。幸好马上要开演了，老虎猫才放过了武松猫。

武松猫独自在角落里打扮着装，刚才被老虎猫吓了一跳，现在心里还怕怕的。

"不想了，我是武松猫！"

呸！"再来一次！我是武松猫！"

"不错，行了！""上场！"

开场，大幕拉开。这里是景阳冈，武松喝得醉醺醺，躺在石板上呼呼大睡。

只听"呼"的一声，带着一股狂风，跳出一只巨大的老虎。

这回，武松可一点都没害怕。

劈头一棍！戳！棍子断了，武松就像敲鼓一样打！追着打！

一下，两下，三下……棍子也不要了，索性抡开拳头打，飞拳，最后一击，双拳齐出。

在一片掌声中，谢幕！这场戏演出非常成功。当然，荣誉是他们俩的！

在后台，大家都称赞两位演员表演得好，尤其是老虎猫，演得特别逼真！

老虎猫得意地说："你们知道吗？我的表演可都是装出来的！"

武松猫说："我的本事也不小，我从来没有真正打到过他。你们仔细看，我一点儿都没碰到过他！"

老虎猫说："很对不起，开演前我对你态度不好，那是我正在酝酿大老虎的感觉呢！"

大家都笑了，他们两个都是了不起的演员，这场"武松打虎"真是太精彩了！

其实，在台下呀，他们一直是最好的朋友。

活动反思

幼儿期是阅读兴趣和阅读行为习惯培养的重要阶段。让孩子们讲述京剧绘本故事，尤其是《武松打虎》这种孩子们感兴趣的故事，更能激起他们对京剧的喜爱以及对阅读的兴趣。同时，让孩子们模仿武松打虎时的表情、动作，正是他们最开心兴奋的环节。将娱乐融入教学中可以使孩子们注意力更加集中，也证实了兴趣就是最好的老师。

活动七　京剧小剧场

活动过程与实录

将各种有关京剧的材料投放到区域中，活动时孩子们自由、自主地开展游戏。

自由开展京剧小游戏

活动反思

　　"每个儿童都是可造之材，教育应关注每个儿童的发展，为他们营造适宜的环境。"区域活动提供给孩子们更多的个体活动空间，它关注孩子们各自活动的过程，尊重孩子的个体差异。把京剧脸谱投放到区域中，将京剧和孩子们的生活、游戏联系在一起，更能激发幼儿对传统文化京剧的喜爱，从而使生长教育课程和区域活动有机结合。

六、主题活动总反思

　　幼儿的兴趣点是他们主动学习的起点，由幼儿的兴趣点引发的教育才能成为幼儿主动学习的内部动机。因此要激发幼儿对京剧的兴趣，这样才能更好地开展相关教育活动。在京剧这一主题活动中，通过看、说、唱、做等多种感官参与活动，孩子们对京剧有了自己的认知。这不但激发了幼儿对京剧的好奇心，还激发了幼儿了解中国历史文化的兴趣，使幼儿从小就学习本国的传统文化，接受民族音乐文化的熏陶，萌发幼儿爱国主义情感和民族自信心，为幼儿长大后立足本土、拥抱世界奠定基础。

大班

小小建筑师

王艳　徐莉　吕真真

一、主题活动设计意图

　　我们幼儿园的走廊上展示了各种充满文化气息的图片，孩子们从走廊里经过，常常被图片吸引。"蒙古包，蒙古包！"一个小朋友大叫。"四合院，"圣泽指着图片右下角的字说，"我认识这个字。"大班的小朋友已经认识不少字了呢。孩子们叽叽喳喳地议论着图上的建筑，我见他们很感兴趣就简单介绍了一下，但是他们听得懵懵懂懂。习近平总书记多次在讲话中指出，要坚定文化自信，弘扬中华民族优秀传统文化。传统建筑也是我国传统文化的一部分，我国有很多有特色的代表性建筑，但孩子们在积木区搭建时，也许因为童话故事看多了，受到了公主和王子的影响，更多搭建的是城堡。我国的传统建筑有几千年的历史，从南到北，不同规模、不同用途的充满人类智慧的建筑，都体现了中华民族的灿烂文明。作为中华文化的传承者和一名教育工作者，有必要让孩子们了解更多的传统建筑知识。

二、主题活动网络图

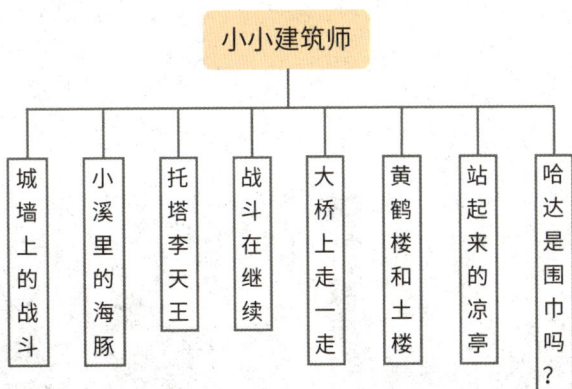

```
                    小小建筑师
    ┌────┬────┬────┬────┬────┬────┬────┬────┐
   城墙  小溪  托塔  战斗  大桥  黄鹤  站起  哈达
   上的  里的  李天  在继  上走  楼和  来的  是围
   战斗  海豚  王    续    一走  土楼  凉亭  巾吗
                                              ？
```

三、主题活动总目标

　　1.认识和了解我国具有代表性的传统建筑，领略不同建筑艺术带来的美感，从中体会劳动人民的勤劳和智慧。

2.喜欢运用多种方式表现自己对传统建筑的认识，感知美，表现美。

3.通过对传统建筑的认识，激发幼儿的民族自豪感。

四、主题活动准备

1.活动开始：教师了解传统建筑的概念和范围，搜集相关图片、音乐等资料。

2.活动实施：将传统建筑的图片分类，包括宫殿、民居、塔、楼、桥梁等。（学习故事、幼儿作品欣赏）

五、主题活动实施过程

活动一　城墙上的战斗

活动过程与实录

在认识古城墙的时候，我们讲了古代城墙主要的防御功能，为了便于孩子们理解，我特意找了一段《三国演义》电视剧中士兵们攻打城墙和防守城池的剧情让孩子们观看：城上旌旗招展，城墙下千军万马攻打城池，城上和城下的两军士兵在对阵，城墙的作用一看便知，孩子们看得异常投入。

下午区域活动时，我和孩子们商量后确立了一个主题——围绕城墙活动，孩子们有的搭建木头，有的搭建积塑，有的画画，玩得不亦乐乎。积木区就在门口，我刚走到门口，赫然发现这里居然筑起了一座高高的"城墙"，子帆和开心等四人一人夹着一块长长的木板当作枪，趴在"城墙"后假装和门内的"敌人"战斗。其实门内的假想敌——表演区的小朋友，根本就没有发现自己被当作敌人，人家表演得很投入呢。

看到老师，孩子们立正站好的样子

"战士们"正在战斗

但是门外"城墙"上的"战士"仍然得意得很，看到我出来，几个人立正站好，就差给我敬礼了。我只好装模作样地说："我只是来视察一下，你们继续'战斗'。"

另一边，宗晨和子辰准备用积木搭建一座"城墙"。两人正在商量，搭到了一定程度好像没有地方再插进去积木了。遇到了困难，宗晨决定去转转，看到小旭搭的，嚯，真的不错！想不到平常不爱说话的小旭居然这么厉害，艺艺也惊讶地张大了嘴巴。宗晨若有所思地看着小旭的"城墙"，不知受到了什么启发，他迅速跑回去和子辰进行了一番改进，于是他俩的作品也诞生了，感觉是很坚固的"城墙"。

似乎很难再搭建下去了

看看别人是怎么做的

浩晨搭的也是"城墙"，还没有竣工，所以不够高大。我见下面的部分积木明显很多，便询问这是什么，他告诉我是护城河上的金水桥，还有好几个城门。

活动反思

这次活动是教师临时生成的活动，本来预设的主题是"认识天安门城楼"，但是想到天安门城楼也是城墙的一部分，所以决定先从古城墙的作用讲起。本来以为活动可能会难以理解，孩子们不会感兴趣，但却收到了让人意想不到的效果。孩子们对古城墙兴趣浓厚，尤其是男孩子更是直接用于实践中，玩得很开心；并且在拼插和绘画活动中互相学习，获得启示，创作出了满意的作品。

守卫城池的将士们

"我的城池漂亮吧！"

活动二　小溪里的海豚

活动过程与实录

为了让孩子们多角度认识吊脚楼，我给他们观看了大量吊脚楼的图片。有的建筑在郁郁葱葱的山坡上，有的建筑在清清的溪水中……它们与大自然融合在一起，非常美丽。

接下来，孩子们用自己的画笔描绘吊脚楼。当我走到文博身边时，他指着旁边暖暖的画对我说："老师，你看她画的海豚。"我俯身一看，暖暖画的是几幢高高的竹楼，楼下是河水，水里有几条小鱼，还有一只跃出水面的海豚。

"你画得不对，海豚是生活在大海里的！"

文博继续说："老师，海豚是生活在大海里的，小河里没有海豚。"我听后笑了，文博的知识经验挺多的，他很认真地提醒了暖暖。

我点点头："对，海豚是生活在大海里的，小河里的水很浅，海豚的家在深海区。暖暖，你为什么在小河里画上海豚呢？"暖暖仰起头看着我，意识到了自己画得不对："可是……可是我画的是一条小海豚，很小很小的海豚，它能在很浅的水里游。""哦？"我表示怀疑。

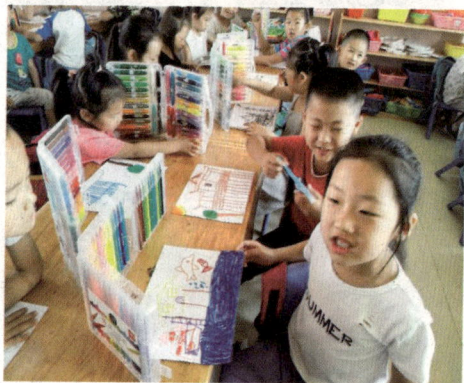

"小海豚迷路了。"

暖暖略显迷茫地犹豫了一下，接着说："嗯，因为这条小河是和大海连着的，这只小海豚迷路了，所以游到这里了。""哦，原来是这样啊。"这下我不能不为暖暖敏捷的反应喝彩了，她居然能快速地自圆其说。

活动反思

幼儿的知识经验有时候是不是会限制他们的想象力呢？我想应该会吧，因为我们成年人是不会把小海豚画在小溪里的，但幼儿在绘画时或许不会想那么多，只是把自己喜欢的或者是画得好的东西画上去，所以成年人总是想当然地认为他们是在胡乱画。当孩子们讲述自己作品的时候，会为自己的画现场编造，我认为这种"胡编乱造"是想象力的一种，是孩子创造力的开端。

活动三　托塔李天王

活动过程与实录

宝塔是中国传统建筑中很有特色的一种。今天我教孩子们认识了大雁塔、雷峰塔等，还讲了白娘子被压雷峰塔的故事，孩子们听得津津有味。于是我趁热打铁开始教孩子们折纸——宝塔，他们互相帮助，学得快的教学得慢的，一会儿工夫就顺利地学会了折纸。当然宝塔不是只有一层，孩子们开始变换颜色折了一个又一个，在宝塔不断加高的过程中，也巩固复习了折法。宗晨把他折的都插接起来，然后举着九层宝塔走到我面前，高兴地说："老师，我是托塔李天王。""哇！真是李天王的宝塔，你好厉害！"孩子们对哪吒的故事耳熟能详，自然对李天王也很熟悉，在折纸中能够想到这些，非常值得表扬！于是晨晨更加骄傲地大声宣布："快看，我也是托塔李天王！"马上引来了孩子们羡慕的目光。折得慢的孩子也不甘落后，纷纷加快了速度，大家都想当"托塔李天王"，于是一座又一座宝塔拔地而起。

好朋友一起折，更开心

看看谁的宝塔更高

活动反思

幼儿的学习能力和模仿能力非常强。当同伴的行为得到老师表扬后，连锁的模仿效应就会产生。教师利用好这种模仿心理，可以激励并促进幼儿的学习活动。但是教师也要注意多观察多表扬不同的作品，避免幼儿都挤进一条胡同，影响幼儿的创作。

活动四　战斗在继续

活动过程与实录

今天区域活动时，班里的几个男孩再一次选择了大型积木区。我向门外看去，他们又搭起了一座"城墙"，只是这次比上次的规模更大了，城门外还建了"护城河"。几个人依然用长木板当作武器，"战士们"不停地"挑衅"离他们最近的表演区的孩子，怎奈表演区的几个小女孩都在盛装表演，没人理他们。我暗暗观察，心里不禁替他们着急："'挑衅'了半天人家也不配合，这下游戏玩不了了吧，看你们怎么办。"我沉住气没有干预，过了一会儿，只见他们的"总司令"子帆领着几个人跑进跑出几次，没一会儿，在建构区的几个男孩就拿着用积塑插的"冲锋枪"冲向门口。不知道子帆用了什么方法，室内玩积木的几个男孩拿着自制的"手枪"悄悄地潜伏在门口，开始"射击"，门外的"战士们"成功找到了对手，子帆他们更加起劲地开始了"战斗"。双方你进我退，玩得不亦乐乎。

活动反思

在区域活动中，有时候幼儿的活动会出现玩不下去的情况。这时候教师不要急于干预，给幼儿自己处理的时间，做一个默默的观察者，幼儿往往会带来意外的惊喜。

发现来偷袭的"敌人"

"战斗"打响了

活动五　大桥上走一走

活动过程与实录

今天的户外活动是在游乐场玩。这里的大型积塑是孩子们最爱玩的，他们总喜欢搭建各种"城堡"和"岗亭"。因为上午刚学习了古代的桥梁，看到他们在练习搭建，我有意地提示他们："你们能建一座'大桥'吗？""好啊，那有什么难的。"几个人又拖又抬地忙碌起来，经过一番努力果然搭建起了一座"大桥"。孩子们可能是看惯了利津的黄河大桥，搭建的这座"大桥"也是模仿了它的样子，但是两边明显不牢固，有些晃晃悠悠。

孩子们顾不了那么多，急于上去玩，可是边上的那块积塑一上人就会翘起来，玺航见状赶紧跑过去扶住翘起的那头，说："大家快上！"就这样玺航一直扶着，直到小伙伴们都过去了他才上去玩。文博是个爱动脑筋的小朋友，他又拖来几块积塑加固了上桥的那一头，这样就不用扶着了。但是下桥的那一头也是同样的问题，旭冉和舒岩看出了问题，他俩也非常热心肠，一直在帮大家扶着，好让大家安全地通过。

几个小朋友主动在旁边扶好

活动反思

这次大型的户外搭建活动让我非常震惊，一方面是为孩子们的动手能力，另一方面也是为孩子们的合作互助精神。因为搭的大桥不够稳固，孩子们站在上面桥就会摇晃，这时候有几个孩子自觉地站在旁边扶着，自己不去玩，来帮助其他孩子。活动中我只在开始提议搭建大桥，并在大桥开端不稳的时候引导幼儿加固，全程都是幼儿自己动手搭建和活动。但是我觉得，幼儿在活动中自发表现出来的合作互助能力，远远超出了成功的搭建本身。

室内区域活动的时候，几组孩子进行了建桥比赛。大家自由组合，和自己的好朋友利用多种材料搭建出不同的桥，有公园里的小桥、上下两层的立交桥、长长的公路桥等，可以看出大部分是幼儿的生活经验的反映。由此我想，一方面可以引导家长在带领孩子假期旅游时注意观察不同的桥梁；另一方面，教师可以提供更多的桥梁图片，进一步丰富幼儿的认识。

上下两层的立交桥

女孩们也不甘示弱

"下面的桥洞可以再宽点。"

"我们要快点了，女孩们要搭好了！"

活动六　黄鹤楼和土楼

活动过程与实录

在认识传统建筑的同时，我还结合传说故事和古诗等增强孩子的学习兴趣。比如，认识黄鹤楼时学习崔颢的古诗《黄鹤楼》，并讲述与这首古诗相关的小故事；讲到神仙画了仙鹤跳舞的传说，孩子们听得津津有味；又讲到打油诗"一拳捶碎黄鹤楼，一

"谁说是章鱼，我明明做的是黄鹤楼。"

生活在土楼里的人们

白色的是土楼斑驳的墙皮

脚踢翻鹦鹉洲"，孩子们听后哄堂大笑。

土楼这种建筑对于孩子们来说很陌生，但它们独特的形状吸引着他们去了解。孩子们的绘画也很有趣，女孩画上了斑驳的墙皮，作品很有生活气息；男孩更注意它的防御保护功能，画面里的屋顶和下面都可见拿着枪的小人。

活动反思

在讲述古代建筑时，枯燥抽象的讲述不仅令人难以理解，还会让幼儿失去兴趣；教师如结合发生在那里的故事、传说等，就会生动形象，更能引起幼儿的学习兴趣。比如，认识天安门城楼时观看阅兵式，激发幼儿的民族自豪感，给幼儿留下深刻的印象。

活动七　站起来的凉亭

活动过程与实录

下午户外活动的时候我们来玩滑梯。滑梯的旁边有一个大大的八角亭，亭子里有石桌石凳，孩子们玩累了，经常到这里来休息一下。今天又有几个孩子来到了凉亭里休息。明臣指着柱子说："老师，这个很像黄鹤楼！"我饶有兴趣地问："哪里像？"他指着上面仰起头说："你看那里，屋檐是翘起来的，还有柱子，还有彩色的画。"我赞赏地点点头："你说得很对，观察得也很仔细，这些都是传统建筑的一些特色，在很多古代的建筑中都可以看到，不过这个叫凉亭。""哦，凉亭是让小朋友玩的吗？""这个……在我们幼儿园是这样，但是在古代它还有其他用途。"

回到活动室，我马上找出不同形状材质的凉亭图片，给孩子们讲述了凉亭的作用，以及和凉亭有关的送别的小故事，学习了歌曲《送别》。在接下来的绘画活动中受到歌曲中的意境影响，开心小朋友在绘画中描绘了朋友送别的场面。

第二次活动的时候，我教孩子们对折剪纸。这样的对称剪纸，剪出外轮廓不难，难度较大的是抠出中间的石凳。但是这也没有难倒他们，大部分小朋友都剪了出来，大家纷纷跑到投影仪前展示自己的作品。这时候我发现艺艺将自己剪好的凉亭立了起来，很立体，我赞许地看着他，其他孩子也纷纷效仿。但是因为纸片很薄，有的孩子成功了，有的却不容易成功。我说："大家仔细观察一下，艺艺的凉亭为什么能够成功地立起来？"文博看了一会儿说："我知道了，老师，他沿着折的那个印稍微打开一点，凉亭就立住了。"我肯定地点点头："对，文博观察得很仔细，让纸着地的下面呈三角的形状，它就能稳稳地站住了。"这下孩子们的凉亭都立了起来。

"快看，我的成功了！"

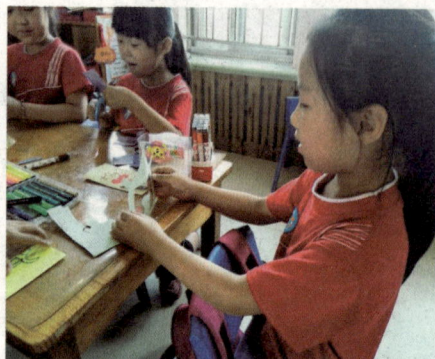

"为什么我的立不住？"

活动八　哈达是围巾吗？

活动过程与实录

今天我们认识了藏传佛教的圣地——布达拉宫。这个也是令幼儿很陌生的宫殿，不同于以前认识的汉族建筑。讲了佛教讲了藏族风俗，自己也觉得很枯燥，所以再讲完松赞干布和文成公主的故事后，我问孩子们："你对藏族有哪些了解呢？"淑岩立刻说："我知道，他们手里总拿着一条长围巾。"文博反驳道："不对，那是哈达，我们以前学过歌曲。"话音刚落，立刻引来了孩子们的合唱："哈达献给解放军，哎呀勒拉索呀拉索……"淑岩不好意思地笑了，我也笑了起来。看来小朋友们记得很清楚啊！孩子们的确在中班学过《哈达献给解放军》这首歌，那是他们第一次接触和认识藏族，但是哈达到底是不是围巾？是不是只有白色的呢？这个问题我还真不知道，带着疑问，我上网搜索了一下，和孩子们共同学习：原来哈达不只藏族有，蒙古族也有；藏族多为白色，蒙古族分为五种颜色，分别代表不同的意义。

活动反思

本次活动的开展有些难度，进行的过程也是孩子和教师共同学习的过程，孩子们对此有浓厚的兴趣，提出了许多问题。作为教师，我也认真对待孩子们的每一个问题，对不了解的事物也不回避，和孩子们共同寻找答案，不仅促进了师生的感情，也提高了自身的知识水平。

"我正在参观这座宫殿。"

"蓝天白云下的宫殿好美！"

六、主题活动总反思

习近平总书记曾在不同的场合，多次强调传承中华民族传统文化的重要性。中国传统建筑亦是传统文化中璀璨的瑰宝，在文化名城历史遗迹中我们总能看到它们的影子。此外我们身边的公园、街心花园等，也带有民族传统建筑的特色。这次活动虽然从幼儿的关注点入手，但较之以前的活动是一个从未接触的新的领域，也相比难以理解。所以根据孩子的年龄特点，我们把活动的目标定为以了解、欣赏为主，然后适度地表达。随着活动的不断深入，我们发现孩子们的参与度很高，兴趣也很浓厚，这有些出乎我的预料，尽管他们关注的只是某一个点。比如，无论城墙、长城还是土楼，孩子们最感兴趣的是它们的防御功能，能抵御外敌入侵，这在他们的作品中随处可见。但是这次活动的开展，还可以让孩子们感受到传统建筑之美，比如飞檐廊角、云纹彩画等，这些已经在他们心中留下了深刻的印象。

当然，由于活动时间短，受一些条件的限制，活动中还存在不足。一是活动形式单一。除了观看走廊展示的照片，参观园里、植物园里的亭子外，由于幼儿年龄小，外出旅游参观较少，知识经验缺乏，大部分都是通过看视频和图片来了解建筑的形态、构造等。虽然取得了家长的配合，但在非假期时间，也只能在近处寻找相关建筑，希望以后假期里家长能带孩子在旅游中发现更多的传统建筑，让孩子了解欣赏古建筑之美。二是绘画内容不够丰富。幼儿的绘画多是停留在模仿上，少有自己的创新创造，但大都能抓住建筑的主要特征。活动涉及的内容还不够丰富，宫殿庙宇从南到北风格大都一样，但是民居东西南北却风格迥异，各有特色。我们一起认识了吊脚楼和游牧民族的民居，但还没有介绍徽派建筑和四合院，园林类建筑也尚未涉及。另外，活动是否该延伸到现代建筑及国外建筑，还有待商讨。

　　总之，本次活动既有对著名建筑欣赏的预设，又有顺势而为的生成，从孩子们的表现来看也达到了我们预期的目的。习近平总书记指出："优秀传统文化是一个国家、一个民族传承和发展的根本，如果丢掉了，就割断了精神命脉。"我们希望通过活动让幼儿欣赏到不同的艺术形式，培养幼儿的观察能力，更重要的是让幼儿懂得传承民族传统文化的意义。

《小小竹楼我的家》　　　　　《美丽的布达拉宫》　　　　　　《美丽的草原我的家》

天安门是首都的象征　　　　　　　　　土楼外面可以爬上去

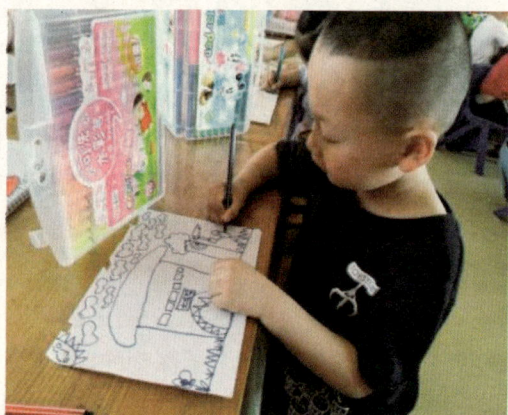

我眼中的幼儿园

梁娟　王春青　李娜娜

一、主题活动设计意图

《指南》中指出："幼儿艺术领域学习的关键在于充分创造条件和机会，在大自然和社会文化生活中萌发幼儿对美的感受和体验，丰富其想象力和创造力，引导幼儿学会用心灵去感受和发现美，用自己的方式去表现和创造美。"我园有花开四季的生态植物园、瓜果飘香的开心小农场、趣味盎然的动物王国，也有孩子们喜爱的各种大型器械玩具……每一位幼儿都爱自己的幼儿园，幼儿园是孩子们的第二个家，他们在这里开心度过每一天。

为了培养幼儿发现美、感受美、创造美的能力，以我园生长教育课程为依据，我们设计了"我眼中的幼儿园"主题活动，旨在让幼儿感受幼儿园的美丽，进而锻炼幼儿在艺术方面的观察力、想象力和创造力，并让幼儿体验作品完成的成功感。

二、主题活动网络图

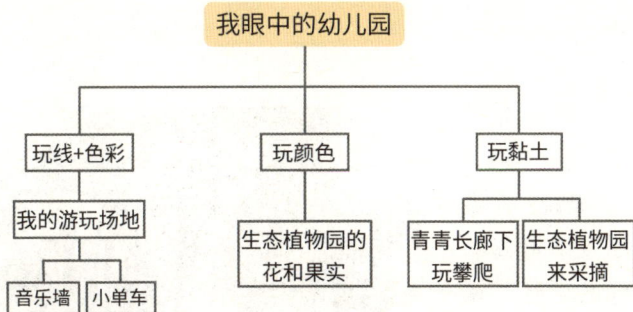

```
              我眼中的幼儿园
    ┌──────────────┼──────────────┐
  玩线+色彩        玩颜色          玩黏土
    │              │          ┌────┴────┐
 我的游玩场地   生态植物园的   青青长廊下  生态植物园
    │          花和果实      玩攀爬     来采摘
 ┌──┴──┐
音乐墙  小单车
```

三、主题活动总目标

1.培养幼儿热爱幼儿园的情感，提高发现美、感受美、创造美的能力。

2. 锻炼幼儿在艺术方面的观察力、想象力和创造力，体验作品完成的成功感。

四、主题活动准备

1. 带领幼儿观察幼儿园的角角落落，并引导幼儿用语言表达自己最喜欢幼儿园的哪个地方。

2. 画纸、彩笔、颜料、画笔、油画框、超轻黏土、KT 板等。

五、主题活动实施过程

活动一　玩线 + 色彩——我的游玩场地

（一）音乐墙。

活动准备

牛皮纸、素描纸、记号笔、彩笔、剪刀、中性笔。

活动过程与实录

1. 活动过程。

在牛皮纸上用记号笔画出音乐墙的形状，用彩笔涂上颜色后再用中性笔给云彩、小鸟、太阳做线描，凸显立体感。在素描纸上画玩耍的小朋友，并用剪刀剪下，粘贴在画面上。

2. 活动实录。

"叮叮当当……"音乐墙发出的声音很好听，孩子们非常喜欢玩音乐墙。萱凝说："我最喜欢和我的好朋友一起敲音乐墙，我们配合好的话还能敲出《小星星》呢。"她在"天空"画了两只小鸟，说："这两只小鸟我把它们画得很漂亮，因为小鸟们听了我敲的音乐很开心，太阳公公也跳出来啦！"

敲一敲，音乐墙发出的声音真好听

"我喜欢这里，我来画一画！"　　"画完了，再剪一剪吧！"　　"小朋友们来玩音乐墙喽！"

活动反思

《指南》在艺术领域中指出："每个幼儿心里都有一颗美的种子。"幼儿在此次艺术教育活动中能通过想象和联想表达出内心对事物的喜爱，并在作品中表现出来。

（二）小单车。

活动准备

牛皮纸、素描纸、记号笔、彩笔、剪刀、中性笔。

活动过程与实录

1. 活动过程。

在牛皮纸上用记号笔画出小单车的形状，用中性笔做简单线描，并添画带绿叶的树枝，使画面表现得更有艺术性。在素描纸上画玩耍的小朋友，要注意小朋友是骑在小单车上的，所以要画小朋友身体的侧面，并用剪刀剪下粘贴在画面上。

2. 活动实录。

羽硕边画边说："我最喜欢幼儿园的小单车了，每天早上我都早来一会儿骑小单车，下午放学也玩到门卫爷爷叫我回家。我喜欢跟小伙伴一起骑车，有风一样的感觉。"

"我最喜欢的小单车！"

"看我画得棒吗?"　　　　　　"画完剪一剪!"　　　　　　"看谁的小单车骑得快!"

活动反思

　　幼儿能通过绘画准确地表达出自己的想法,幼儿的语言学习需要相应的社会经验支持。教师应通过多种活动扩展幼儿的生活经验,丰富语言内容,增强理解和表达能力。

活动二　玩颜色——生态植物园的花和果实

活动准备

油画框、颜料、排笔。

活动过程与实录

　　教师带领幼儿游览幼儿园里的生态植物园,并引导幼儿仔细观察春天的花和秋天的果实:红色的波斯菊、粉色的红叶碧桃、黄色的油菜花、紫色的丁香、橙色的海棠果、红色山楂、黄色的柿子……花和果实挂满了树枝,幼儿抓住了各种花和果实的主要特点,用画笔和颜料很好地表现了出来。

　　创作趣话:"丁香花太香了,都把小蜜蜂吸引来了!""芭蕾苹果又红又大,真想咬一口!"春天,幼儿园生态植物园的花儿都开了;秋天,植物园的果子成熟了。孩子们来到植物园看看这朵花、闻闻那朵花,瞅瞅这棵树上的果子、摸摸那棵树上的果子,喜欢得不得了。

活动反思

　　鼓励幼儿在生活中细心观察、体验，为艺术活动积累经验与素材。幼儿通过看一看、闻一闻、摸一摸来选择自己创作的东西，首先有了感官的体验，然后选择自己喜欢的素材进行创作，这样才能更加投入。

黄色的油菜花　　　　　　　酸甜的海棠果　　　　　　　芭蕾苹果甜又甜

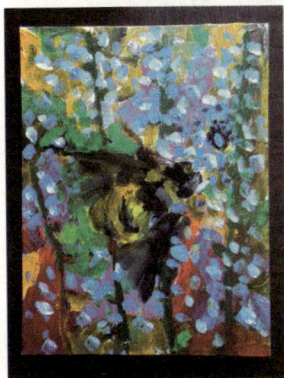

丁香花的香味吸引了小蜜蜂　　　　香甜的柿子　　　　酸酸的山楂可以做糖葫芦

活动三　玩黏土——青青长廊下玩攀爬

活动准备

黑色 KT 板、超轻黏土、金色丙烯颜料、排笔。

193

活动过程与实录

幼儿园一进大门的西边有一条长廊，因种植了几种攀爬生长的植物，故取名为"青青长廊"。长廊一侧是攀爬器械，有爬杆、网格、轮胎墙、蜘蛛网、绳梯等，孩子们喜欢到这里来比赛谁爬得高爬得快。孩子们先用超轻黏土把攀爬器械捏在黑色 KT 板上，再用金色丙烯颜料轻轻地刷一下，最后把用超轻黏土捏出玩耍的小朋友放在攀爬器械上。

活动反思

此次艺术教育活动，锻炼了幼儿肌肉动作的发展，提升了幼儿的审美能力。幼儿选择"青青长廊"下的攀爬器械作为创作的素材，并用超轻黏土这种材料制作泥人，创作出的作品艺术性很强，立体效果很棒！

攀爬我最棒

看谁爬得快

轮胎墙上来比赛

我喜欢爬杆

爬绳梯我最快

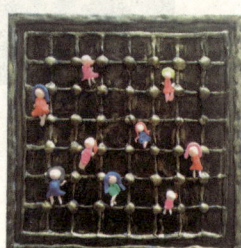

大家都来爬网格

活动四 玩黏土——生态植物园来采摘

活动准备
黑色 KT 板、超轻黏土、金色丙烯颜料、排笔。

活动过程与实录
生态植物园的果子成熟了，满枝头的山楂、杏；池塘里的荷花也都开了，又香又漂亮。有的孩子爬到树上摘山楂、杏，树下的孩子负责捡拾，大家配合得很完美。孩子们将摘好洗净后的山楂做成糖葫芦，吃进嘴里酸酸甜甜，心里别提多美了。经过实践观察，孩子们开始动手制作：先用超轻黏土把果树、荷花灯捏在黑色 KT 板上，再用金色丙烯颜料轻轻地刷一下，最后用超轻黏土捏出摘杏爬树的小朋友、摘山楂的小朋友、赏荷花的小朋友、吃糖葫芦的小朋友。

活动反思

整个过程幼儿都参与其中，并把情景用超轻黏土表现出来，锻炼了幼儿肌肉动作的发展，幼儿也体验到了收获成功的快乐。

山楂和杏我们来做

我来做糖葫芦

大家一起摘山楂　　　　大家一起来摘杏　　　　自己做的糖葫芦真好吃

六、主题活动总反思

《指南》在艺术目标中指出："能用多种工具、材料或不同的表现手法表达自己的感受和想象。"本次艺术活动中幼儿选择用记号笔、彩笔、颜料、黏土等多种工具、材料，以及绘画、团捏等不同的表现手法来大胆表现，多种表现手法的尝试让幼儿对创作更加投入。

这一系列美工创作活动的素材来源于幼儿每天生活的幼儿园，幼儿对幼儿园的角角落落及自然环境都非常熟悉，这也是幼儿乐于参与创作的一个重要原因。幼儿创作的作品里融入了幼儿对幼儿园的情感，他们在与幼儿园自然环境的亲密接触中感受生命的意义和奥妙，在游戏中提高了生长能力和动手本领，这正与我园"生长教育"理念相契合。

有趣的十二生肖

杨云　孙凯

一、主题活动设计意图

《纲要》中指出："幼儿社会领域的教育具有潜移默化的特点。幼儿社会态度和社会情感的培养尤应渗透在多种活动和一日生活的各个环节之中，要创设一个能使幼儿感受到接纳、关爱和支持的良好环境，避免单一呆板的言语说教。"动物，对于孩子们来说一直是一个感兴趣的话题，特别是大班的孩子，开始对自己的属相（十二生肖）很好奇了。为了满足幼儿的求知欲，让幼儿对十二生肖有更进一步的了解，我们设计了该主题活动。通过活动，让幼儿在健康领域、科学领域、语言领域、社会领域及艺术领域的各个层面，了解和领略中国的传统文化和风俗，激发幼儿的表现欲和对民族文化的兴趣，培养幼儿的民族意识和情感，使中国生肖文化代代传承。

二、主题活动网络图

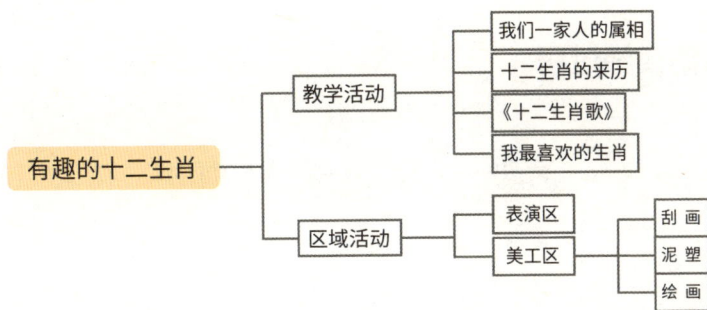

```
                              ┌─ 我们一家人的属相
                  ┌─ 教学活动 ─┼─ 十二生肖的来历
                  │           ├─《十二生肖歌》
                  │           └─ 我最喜欢的生肖
有趣的十二生肖 ─┤
                  │           ┌─ 表演区        ┌─ 刮画
                  └─ 区域活动 ─┤               ├─ 泥塑
                              └─ 美工区 ───────┼─ 绘画
```

三、主题活动总目标

1. 知道用生肖记录人的出生是我们中国人的习惯，了解家人和自己的属相。

2. 了解十二生肖的来历和先后顺序，知道它是我国的一种民俗文化。

3. 能用简短的语言概括故事的主要情节，并能根据故事情节发展的脉络，合理地续编故事的结尾，喜欢参与创编活动。

4. 初步理解十二生肖的顺序与周期，明白 12 年一个轮回；了解生肖间的年龄差数以及生肖的关系。

5. 能用绘画、泥塑等多种方式表现十二生肖中每种动物的典型特征，有想象力和创新意识；乐于参加艺术活动，感受艺术美，获得成就感。

6. 了解掌握部分关于十二生肖的成语及其故事、谜语、儿歌等。

四、主题活动准备

1. 请孩子们回家后调查一下家人的属相及年龄。

2. 收集有关十二生肖的图书、玩偶、剪纸等相关资料。

十二生肖图书

十二生肖玩偶

五、主题活动实施过程

活动一　我们一家人的属相

活动目标

1. 引导幼儿大胆参与交流，提高幼儿的语言表达能力。

2. 请幼儿说出自己每个家人的属相和年龄，进一步增进幼儿与家人的感情。

活动准备

1. 假期前布置让幼儿了解掌握自己及家人的属相和年龄的任务。

2. 搜集十二生肖的相关图片。

活动过程与实录

1. 导入活动。

教师：放假前老师给大家布置了一个任务，还记得吗？

2. 教师提问。

问题一：国庆节期间你们的家人都放假了吗？

问题二：你家有几口人？都有谁？

问题三：他们属什么的？多大了？哪个小朋友来说一说？

问题四：孩子们回答完毕，请个别孩子说一说为什么自己能记得这么清楚。

3. 回答问题。

有的孩子出示了自己的记录，告诉大家："因为我有记录。"

有的小朋友拿出了绘画作品，告诉大家："因为我画下来了。"

还有孩子说："我妈妈给我用手机录音了，发在了班级群里。"

孩子们非常认真地完成了任务，非常棒！从他们刚才的表述中看，记录下来能够说得清晰有条理。

子龙的绘画记录

紫晴的文字记录

活动反思

通过这一活动，孩子们利用假期走亲访友的时间，为自己和家人的亲密接触、友好交流提供了有利的条件。关注家人的生肖与年龄，不仅提升了孩子的交际能力、语言表达能力，还提升了他们的记忆和记录的能力。孩子们通过询问、记录自己家人的生肖和年龄，明白了不同年龄的人属相有可能是相同的。孩子们用录音、录像、绘画等各种方式，记录了自己家三口人或者四口人的生肖、年龄，最多的甚至记录了十几口人的大家庭中每个人的生肖、年龄，令我不禁感叹："孩子们的潜力不可想象！"

孩子们的音频、视频记录

活动二 十二生肖的来历

活动目标

1. 认识十二生肖的动物。
2. 知道十二生肖的排序及循环的意义。

活动准备

1. 挂图 34 号；《小朋友的书·快乐的一年》。
2. 当年生肖形象的小图片。

活动过程与实录

1. 了解十二生肖，引出话题。

问题一：上一次在讲述家人属相的时候，我们知道了生肖一共有多少种？

问题二：十二生肖又代表什么意义呢？

2. 欣赏故事，理解生肖的排序与循环。

（1）你们知道十二生肖谁排在第一位吗？

为什么是它排在第一呢？一起来听听故事里面是怎么说的。

（2）结合挂图，讲述十二生肖的故事。

（3）理解十二生肖的顺序。

提问：一共有几个生肖？它们的顺序是怎样排列的？幼儿在《小朋友的书·快乐的一年》之"十二生肖的来历"中按顺序标出序号。

（4）理解生肖的作用。

提问：为什么要设立十二生肖？每个生肖代表什么意义？

（5）鼓励幼儿提出问题，进一步理解故事。

（6）了解生肖和自己的关系。

提问：你是属什么的？好朋友和你的生肖一样吗？为什么有的人和你的生肖不一样呢？今年是什么生肖？

3. 根据儿歌总结十二生肖的顺序，幼儿复述并背诵儿歌。

子鼠、丑牛、寅虎、卯兔、辰龙、巳蛇、午马、未羊、申猴、酉鸡、戌狗、亥猪。

4. 布置任务。

给家人讲述十二生肖的来历。

活动反思

幼儿通过欣赏故事，知道了十二生肖的由来。因为前面孩子们已经知道了十二生肖有哪些，也为这个活动做好了前期经验的准备。孩子们通过调查知道了家人们的生肖，经过教师启发知道了自己的生肖和别人的生肖为什么不同，开学后学会了通过比较年龄进行区别。

活动三　《十二生肖歌》

活动设计意图

歌曲《十二生肖歌》，旋律简洁欢快，节奏清晰明朗，间奏的出现增加了歌曲的趣味性。但这首歌也有个难点：歌词比较复杂，幼儿清晰理解和完整记忆歌词有难度。于是，我们通过"点将翻图"与"魔语翻图"游戏来化解难点。

活动目标

1. 熟悉歌曲旋律，理解和记忆歌词内容，用游戏的方式学唱歌曲。

2. 发展幼儿倾听、推理、猜测的能力。

3. 感受民间歌曲的魅力。

活动准备

十二生肖的课件；活动前让幼儿熟悉十二生肖的名称、排列等相关知识。

活动过程与实录

1. 玩"点将翻图"游戏，初步感知歌曲。

（1）翻图感知整首歌曲。

教师：我们来玩一个"点将翻图"的游戏，老师一边唱歌一边按节奏点你们的肩膀，唱完歌曲的最后一个字时，我点到谁，谁就可以来点开课件中的两张图，看看里面藏了什么动物。

（2）引出课题。

教师：十二生肖中一共有几种动物？你觉得这些动物之间有联系吗？今天我们来学唱一首歌曲——《十二生肖歌》。

（3）玩"魔语翻图"游戏，分段理解记忆歌词。

①学习歌曲第一段。

a. 幼儿带着问题聆听教师演唱歌曲第一段。

问题一：第一段歌曲里有四种动物，你觉得应该是哪四种？

问题二：歌曲里是怎么称呼这四种动物的？

听完教师演唱，请幼儿验证和回答上述两个问题。

b. 理解、记忆并学唱第一段歌词。

②幼儿带着问题倾听教师第二次演唱。

问题一：这四种动物在歌曲里做了什么事情？这很重要哦，否则我们的游戏将会无法进行。

幼儿闭上眼睛听教师演唱，教师在演唱的过程中将小老鼠图标隐藏起来。演唱结束，幼儿睁开眼睛，找找谁不见了。

问题二：怎么才能让小老鼠重新回来呢？得用"魔语"呼唤它，"魔语"唱对了，它就回来；唱错了，它就回不来了。"魔语"就是刚才歌曲里关于小老鼠的那句歌词。

幼儿先讨论关于小老鼠的"魔语"，再用"魔语"来呼唤小老鼠。如果幼儿能够准确地唱出小老鼠的那句歌词，教师就快速地把小老鼠图标翻回来；如果幼儿不能唱出，教师可以再次演唱第一段，但是绝对不能直接告诉幼儿"魔语"。

教师再次演唱歌曲第一段，将另外三种动物也随机隐藏一种，并用"魔语"将隐藏起来的动物找回来，帮助幼儿理解、记忆歌词，学唱歌曲。

用相同的游戏方法让幼儿理解和记忆第二段、第三段歌词，并学唱歌曲，可以根据幼儿的游戏水平一下子隐藏起来两个或更多的动物。

（4）完整学唱歌曲并边唱边表演。

①将课件中部分动物图标隐藏起来，幼儿唱屏幕显示的生肖歌词，教师唱隐藏起来的生肖歌词。

②教师唱屏幕显示的生肖歌词，幼儿唱隐藏起来的生肖歌词。

③男、女幼儿分别演唱隐藏起来的生肖歌词和屏幕显示的生肖歌词。

④根据图标的隐和显等多种形式演唱歌曲，如小组对唱、幼儿和听课的教师对唱，可根据幼儿演唱的情况随机调整隐藏起来的生肖数量。

⑤挑战将所有的生肖图标隐藏，幼儿完整演唱歌曲。

孩子们边听歌曲边自编动作

活动反思

揭秘和挑战的游戏符合大班幼儿的年龄特点和经验发展水平，这样的游戏也深受他们喜爱。在歌唱教学中合理使用揭秘和富有挑战的游戏，能使教学更加有效。

整个活动流程分三步："魔语"→说歌词；"新魔语"→唱歌曲；挑战隐藏图标的数量→多种方式演唱。三个阶段都利用了"翻图"游戏，随着游戏目标和游戏方式的层层推进，孩子们在接受游戏升级挑战的同时自然学会了演唱歌曲，整个活动进行得顺利而流畅。

活动四　我最喜欢的生肖

活动目标

1. 了解剪纸是一种民间艺术，明白几种装饰纹样，懂得阴刻、阳刻和基本的单色剪纸、多色剪纸的剪纸表现形式。

2. 欣赏剪纸的美，产生对传统剪纸艺术的兴趣和求知欲望。

活动准备

十二生肖的多种剪纸作品，以及实物投影仪等。

活动过程与实录

1. 导入活动。

（1）带小朋友进入活动室。

教师：小朋友们，今天老师要带你们参观一组漂亮的剪纸作品，我们一起来看一看！

（2）幼儿自由欣赏，教师与幼儿讨论。

教师：这是什么呀？你觉得漂亮吗？你喜欢吗？请看完的小朋友轻轻地回到座位上。

2. 欣赏十二生肖作品。

教师：小朋友们，你们刚才看到了什么呢？哦，原来是十二生肖啊！我们一起来说一说有哪些吧！

教师：在这些剪纸中，有你的生肖吗？你属什么呢？哦，你属龙，请属龙的小朋友举下小手。你属什么呢？哦，你属蛇，请属蛇的小朋友举下小手。谁来找一找龙的剪纸在哪里呢？（请一位幼儿把龙的剪纸挂到前面）大家猜一猜，老师的生肖是什么？老师属鸡，谁来帮我找一找我的生肖剪纸在哪里？（请一位幼儿将鸡的剪纸挂到前面）

3. 进一步观察剪纸作品，引导幼儿认识锯齿形。

教师：小朋友们看一看，这是什么形状？原来是锯齿形啊，那么哪些地方用了锯齿形呢？为什么要用锯齿形装饰动物呢？

4. 请幼儿仔细欣赏作品，进一步认识剪纸的镂空艺术。

教师：小朋友们，你们觉得这些生肖剪纸漂亮吗？哪里漂亮呢？

教师小结：这些剪纸装饰的图案很漂亮，剪纸是我们中华文化的瑰宝，它的工具和材料很简单，一把剪刀、一张纸就能完成，用小剪刀剪出镂空的图案可作为装饰。

教师：小朋友们，我们一起来看一看，这些剪纸里面有哪些镂空的图案呢？（幼儿说出月牙形、柳叶形、花瓣形、水滴形后，引导幼儿找找哪些部位用了这些图形，教师应强调是镂空的图形）

5. 学习认识阴刻和阳刻。

阳　刻　　　　　　　　　阴　刻

6. 区分单色剪纸和彩色剪纸。

 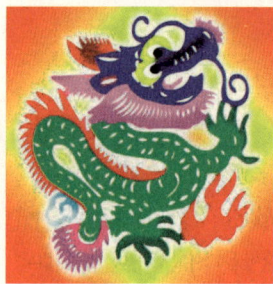

单色剪纸　　　　　　　彩色剪纸

活动反思

本活动采用以小见大的手法，通过开展十二生肖的相关剪纸作品的参观活动，让孩子们对我们民族的剪纸工艺有清晰直观的认识和感受，并通过不同的剪纸艺术手法，提升孩子们欣赏美、感受美的能力。剪纸在孩子们的心灵中播下了民族自豪感的种子，在他们未来的生命中将会开出爱国主义的花朵。

区域中的相关活动

（一）表演区。

活动准备

十二生肖的玩偶，以及乐器、服装、扣子等。

活动过程与实录

今天早上到了玩区域游戏的时间，紫晴和芳杰两个文静的小姑娘到了表演区。两个人先是说了一会儿悄悄话，接着一人拿起了一个布偶——芳杰选的是小龙，紫晴选的是小猴子。然后紫晴又搬过来一个猴头枕头，自言自语地说："小猴子起床了，先洗漱，再去吃饭。"说着又拿了一盒扣子，找来一个粉红色的塑料小盘子，放进几粒球状的小扣子说："大米饭做好了，赶紧吃吧！"又拿了一面小铜镜反过来放进几粒圆形的扁扁的五彩扣子说："好吃的棉花糖来了！"接着又把一块灰白色的石头放进了一个小镜子的反面里说："馒头来啦！"紧接着依次拿来了两个没有把的双响筒："两杯牛奶！"又摆上了一个带把的竹筒和一根木棒："竹筒粽子来了！香不香？"

给小猴子做饭

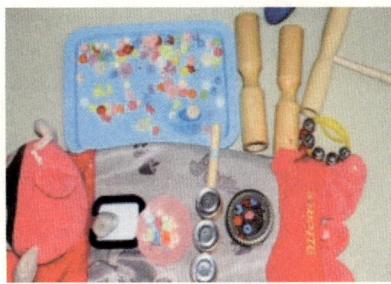

小猴子的丰盛早餐

"吃饱了！今天下雪了，我们去外面看雪、野餐吧！"紫晴说完后站起来，把放在窗台上的美工区的防污倒褂拿过来围在了小猴子的身上："外面下雪了，别感冒了！赶紧盖上小被子吧！"就这样小猴子的"妈妈"抱着小猴子，小龙的"妈妈"抱着小龙走了一圈后又回到原地，然后搬来录放机、光盘、沙球、刮擦器等摆了一圈，说："他们玩累了，该睡一会儿觉了！"紫晴说："小猴子怕感冒了，要盖好被子，睡在床上！"

芳杰说："小龙不怕冷，睡在雪地里就行了！"然后两个人就将她们的"孩子"放在各自睡觉的地方。之后两个人就摆弄起了录放机，戳戳这个小洞，转转那个按钮，玩得不亦乐乎！

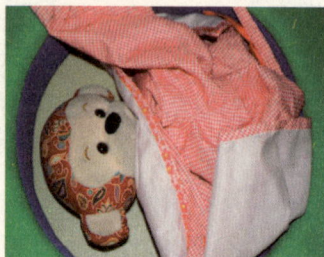

下雪了，盖着被子睡觉的小猴子

活动反思

大班孩子玩的游戏有了具体的情节，与他们的一日生活密切相关，从吃饭、穿衣到做的事情都是一个妈妈对宝宝照顾的真实生活。作为一个"妈妈"，她给猴宝宝吃的饭也丰富多样，以物代物的能力能依据它们的形状和材质与现实生活紧密相连，并能根据当时的天气情况随机应变自己"孩子"的穿着。"妈妈"做得非常有爱心有责任感。

（二）美工区。

活动准备

十二生肖相关的剪纸作品、彩色纸、刮画纸、折纸、剪刀、彩笔、太空泥等。

活动过程与实录

在活动区我重点投放了十二生肖相关的剪纸作品，本意是引导孩子们绘画、剪纸、泥塑。可是事与愿违，我没有看到孩子们的剪纸作品，问及原因，他们告诉我："老师，剪纸太难了！"他们尝试了一两次，就把这一表现形式束之高阁了。

1. 刮画。

孩子们发现了新材料——刮画纸，这引起了他们的浓厚兴趣。看，他们的作品令人刮目相看呢！

刮生肖马的硕硕

刮出的生肖鼠

　　左面是硕硕刮出的完整作品：一匹美丽的大马，胸前装饰着花朵，身上有漂亮的月牙纹，背上驮着一只活泼的小老鼠，地上的小公鸡和小蛇昂着头，问他们要去干什么。大马猛地抬起前蹄，告诉他们自己要去天宫参加玉皇大帝的宴会。小飞猪、小飞狗和小蝴蝶在天上飞着来接他们啦！

活动反思

　　《指南》中指出："能用多种工具、材料或不同的表现手法表达自己的感受和想象。"孩子们的刮画作品非常丰满，富有童趣，还有生动的情节，用稚嫩的笔触表达着他们内心的故事。

　　2. 泥塑。
　　美工区的太空泥也成了孩子们表征十二生肖的材料之一，他们或团、或捏、或搓、或压，用多种方式制作着他们喜爱的生肖动物。

"我捏的小猴子可爱吗？"

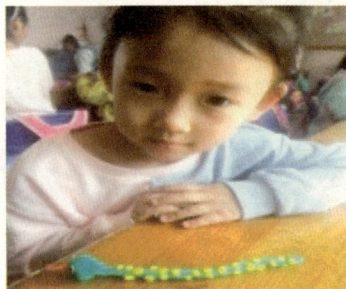

"我的生肖是小蛇，美不美？"

在一个阳光灿烂的日子里，马妈妈带着马宝宝到一片碧绿的草地上去吃草，碰到了带着羊宝宝的羊妈妈，马宝宝邀请他们一起来吃嫩绿的草，他们一起吃得可高兴了。

3. 绘画。

最初的绘画作品：生肖马

最初的绘画作品：生肖蛇

中间的提升阶段有了场景和情节，孩子们不仅仅满足于绘画单个的生肖形象，而且赋予了它们灵动的生命和活动场景。

下面的三幅画，都是孩子们自主、独立创作的关于生肖的各种生活场景。他们依据在日常生活中的各种体验，将生肖鼠的身姿、表情、神态画得惟妙惟肖，这是他们创作能力的飞跃。

拍球的猪、吃西瓜的虎和兔、爬山的牛和羊

小老鼠喝饮料

偷餐桌上的面包的小老鼠

跳绳的生肖兔和牛

在活动中孩子们的绘画水平有了大幅度的提高，甚至是质的飞跃。由刚开始的绘画单个生肖形象并添画场景到多个生肖动物或根据故事内容创作情节，由刚开始的喊着不会画到看到范画后跃跃欲试地去临摹，再到人人心中有形象、画中有内容，活动的效果非常令人欣喜和出乎意料！

活动反思

《指南》中指出："提供丰富的便于幼儿取放的材料、工具或物品，支持幼儿进行自主绘画、手工、歌唱、表演等艺术活动。"在活动中我们及时提供了孩子们需要的太空泥这一材料，满足了他们表达的需要，提升了他们的动手能力和想象力。

六、主题活动总反思

本次主题活动涉及五大领域的方方面面，通过找一找、说一说、问一问、听一听、做一做、玩一玩等多种形式激发幼儿成为主动探究者，使他们在整个活动中一直兴趣盎然，认知和体验不断加深，也激发了他们的灵性和创造意识。

在活动中，教师最大程度地发挥幼儿的主观能动性，最大程度地在整个活动中做到了以游戏为主，以寓教于乐的教学方式让幼儿在轻松愉快的氛围中学习、发现、创造，取得了非常好的教学效果。教师鼓励幼儿大胆地探索、合作、创造，能主动学习、发现学习，自由地表达自己对事物的认识，提高理解力、想象力、创造力和审美感知力。但是由于内容的涉及面太广，主题活动的实施时间较长，有些拖沓，不够严谨，个别幼儿出现了对内容感到疲乏的情况，这是我们在今后的教学中要特别注意的。

创意美工：纸盘大变身

穆文静　赵新萍　王玉琳

一、主题活动设计意图

　　一次性纸盘是生活中常见的物品，丢弃在旁边并没有什么用处，但经过改造装饰就会变成一件件好看的艺术作品。《指南》指出，5～6岁的幼儿经验相对丰富，他们对探究获取知识和动手操作的意愿比较强。因此，在幼儿园美术领域教学中，教师应支持、鼓励幼儿用自己喜欢的方式去表达自己的所见所闻、所思所想。教师要为幼儿提供多样化的材料让幼儿探索发现。这样才能更好地激发幼儿的想象力和创造力，促进其身心的发展。为丰富幼儿的生活经验，开发幼儿的想象力和创造力，培养环保意识，体验美术创作的快乐，从而设计了本次主题活动。

二、主题活动网络图

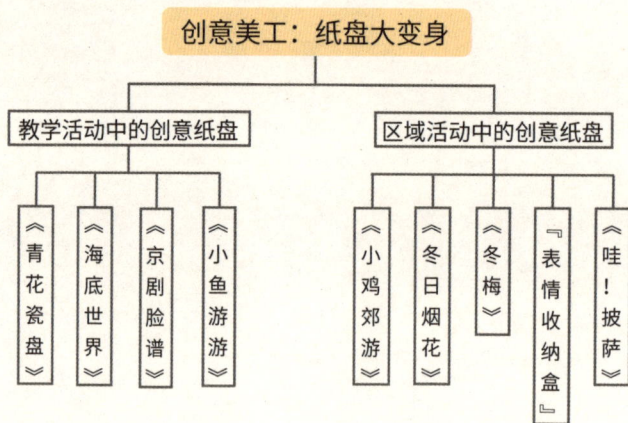

```
                    ┌─────────────────────┐
                    │  创意美工：纸盘大变身  │
                    └──────────┬──────────┘
             ┌─────────────────┴─────────────────┐
    ┌────────────────┐                  ┌────────────────┐
    │ 教学活动中的创意纸盘 │                  │ 区域活动中的创意纸盘 │
    └────────────────┘                  └────────────────┘
   ┌────┬────┬────┬────┐          ┌────┬────┬────┬────┬────┐
  《青  《海  《京  《小          小   冬   冬  「表  《哇
   花   底   剧   鱼          鸡   日   梅   情   ！
   瓷   世   脸   游          郊   烟       收   披
   盘》  界》  谱》  游》          游   花       纳   萨》
                                       》   》   盒」
```

三、主题活动总目标

　　1. 让幼儿尝试使用不同材料，运用画、剪、粘等多种方式自由表现，体验美术创作的乐趣。

　　2. 尊重幼儿的兴趣爱好，激发幼儿的动手操作热情，开发幼儿的想象力，提升幼儿设计和动手操作的能力。

3.培养幼儿的环保意识，发现生活中可利用的废旧物品并将它们变成艺术品。

四、主题活动准备

1.经验准备：掌握一定的绘画和使用工具的能力，具有一定的发现美和创造美的能力。

2.物质准备：教学课件、各式纸盘、彩笔、剪刀、太空泥、颜料等。

五、主题活动实施过程

活动一 青花瓷盘

活动目标

1.欣赏青花瓷作品，感受其中的对称美。

2.学习用线条、图案等绘画装饰青花瓷盘。

活动准备

课件、纸盘、蓝色勾线笔等。

活动过程与实录

"青花瓷盘"活动是孩子们带纸盘来幼儿园以后，我组织的第一次集体教育活动。孩子们听说要画自己带来的盘子，都非常激动。我们首先一起欣赏了青花瓷器的图片，大家直呼："好漂亮呀！"萱凝说："老师，我喜欢这个，我要画这个。"锦汐说："看起来好难呀，可以自己想着画吗？""当然可以自己创作、画自己喜欢的图案啦，但是我们得先探索一下青花瓷盘的奥秘，看看它的图案有什么特点再去画。"就这样，我们一起深入了解了青花瓷盘的图案特点和创作规律。

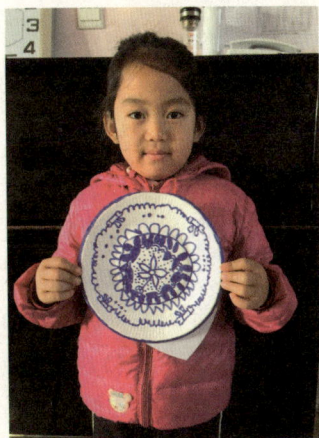

"我完成啦！"

在幼儿创作环节，我巡回观察指导，发现他们的能力差异还是挺大的。有绘画功底的孩子，他们的图案、布局都好一些，也比较有耐心。"老师，我画完了。"有几个孩子很快就跑过来给我看他们的作品，可是效果不太好，都是一些简单的大图案大线条，盘子上还有很多空白的地方。于是我让他们又仔细看了看图片，再回去加工一下。几轮下来，这几个按捺不住的孩子终于完成了自己的作品，很是开心。原本觉得创作困难的几个孩子，经过老师的引导和几次耐心的加工，也完成了不错的作品，满满的成就感，纷纷找我给他们拍照留念呢。

作品展示

活动反思

经过本次活动，幼儿对纸盘有了全新的认识，也对青花瓷图案有了一定的了解。本次活动提升了幼儿的审美能力和创作兴趣，也锻炼了幼儿认真做一件事的耐心。

活动二　海底世界

活动目标

1. 引导幼儿大胆想象进行创作，体验纸盘作画的乐趣。
2. 培养幼儿对海底世界的兴趣以及对大自然的热爱。

活动准备

课件、纸盘、水彩笔等。

活动过程与实录

这次活动，我选择了幼儿感兴趣的题材——海底世界，既有图案的创作，又有色彩的搭配。在欣赏了视频和图片以后，孩子们就迫不及待地开始创作了。"海洋中都有什么小动物呢？它们生活在海底又会做什么呢？""有小鱼、小虾、螃蟹、海星、章鱼、水母，还有美人鱼呢！"孩子们七嘴八舌地说。"它们在聚会，在做游戏，在比赛呢！"孩子们带着问题边想边画，创作热情极高。"老师，你看我画的是大鱼和小鱼在比赛。""老师，我们两个画的是双胞胎鱼。""老师，我画了一条美人鱼，就是你！"孩子们的创意可真有意思。"画完以后，

认真创作

作品展示

涂上漂亮的颜色，盘子的边缘也不要忘记做装饰呀，要做一个漂亮又完整的作品。"
最后孩子们都比较顺利地完成了作品，效果还不错。

活动反思

经过了上一次的纸盘创作，孩子们信心倍增，这使得本次活动开展得很顺利，完成效果也很棒。本次活动主要锻炼了幼儿线条及色彩的表现能力，还让幼儿学习了空间布局和前后遮挡关系的相关知识。

活动三　京剧脸谱

活动目标

1. 幼儿尝试用彩绘、对称的方法来表现脸谱。
2. 感受脸谱的艺术美，鼓励幼儿大胆地进行创作。

活动准备

课件、纸盘、水彩笔等。

活动过程与实录

如果让纸盘与中国传统文化相结合，又会碰撞出怎样的小火花呢？本次活动，我选取了幼儿了解却不熟悉，但又极具中国特色的脸谱作为主题元素，进行了纸盘的又一次大变身。

孩子们对新奇的事物兴趣浓厚，于是我们一起了解了京剧脸谱的分类：生、旦、净、末、丑；一起探究了脸谱中的奥秘：脸谱上的图案和颜色非常夸张，脸谱左右两边是对称的。

在绘画过程中，有很多小朋友画得很小，尽管在画画之前我多次强调要画大一点。一些看似复杂的图案，经过孩子们的加工和简化就会变得很简单，导致最终完成的效果不太理想。女孩大多喜欢画花旦的脸谱，花旦重在发饰，而她们忽视了脸谱创作的意义，没有达到预期的绘画效果。

探究脸谱的奥秘

丰富有趣的脸谱

认真创作

活动反思

本次活动效果不太理想，很多孩子在画自己不熟悉、没有把握的作品时还是放不开，不敢画得太大。之后教师应多锻炼幼儿此方面的能力，培养绘画自信。孩子们还普遍存在遇到复杂的图案就会简化的情况，最后导致作品画面简单，所以要鼓励他们敢于尝试，勇于去画自己觉得有难度的作品。

活动四　巧手制作——小鱼游游

活动目标

1. 欣赏了解纸盘小鱼的制作过程。
2. 尝试自己动手用多种工具制作纸盘小鱼。

活动准备

课件、剪刀、胶水、纸盘、彩笔等。

活动过程与实录

本次活动选择了一个比较简单的动物形象，但通过裁剪和拼接可以巧妙地变成一条小鱼，增加了本次活动的趣味性。可以动手自由操作的活动极大地调动了幼儿的积极性，激发了幼儿的兴趣，大家都按捺不住，跃跃欲试。

第一次尝试这种手工，对一小部分孩子来说还是有一些难度的。"老师，我觉得有点难。""老师，我不会。""老师，可以做个别的吗？"他们有的尝试多次都以失败告终，有的看着图片也不知道如何开始。最后有几个孩子直接放弃了，利用纸盘做起了自己喜欢的东西。然而，另一边几个平时就喜欢动手操作的孩子做得不亦乐乎。他们可以根据图片独立完成，而且说："老师，这个太简单了，我可以装饰成自己喜欢的样子吗？""当然可以。"他们做得非常认真仔细，跳出了图片对思维的禁锢，完成的效果也非常棒。

动手创作

多彩的纸盘小鱼

活动反思

前几次有关纸盘的活动开展得都有一定的局限性：仅仅是在平面，利用单一的材料添画。本次活动打破了原有的局限，采用更加丰富有趣的材料和形式，开展了一次手工制作活动。活动中我发现幼儿的动手能力差别较大，整体偏弱。所以，在之后的教学活动和一日生活中，我会多引导，多组织，利用多种途径锻炼幼儿手部精细动作，提升幼儿的动手操作能力。

区域活动中的创意纸盘

我将孩子们带来的纸盘投入美工区，使之成为美工区常见的可利用的材料。孩子们进入美工区活动时，我会引导他们选择纸盘和其他辅助材料大胆地进行创作。渐渐地，他们不仅仅局限于平面的纸张，还开始对这个圆圆的、立体的小盘子更加感兴趣。一起去瞧一瞧孩子们的奇思妙想吧！

（一）创意纸盘一：《小鸡郊游》。

《小鸡郊游》（锦汐小朋友命名）是我们在美工区的第一次创作。这天，在美工区有几个孩子拿到纸盘后都在思考："该做点什么呢？""你们可以选择一些其他材料，一起完成一幅作品呀。""老师，那可以用黏土吗？""当然可以！你们想想可以做些什么？""我想粘一幅画。"说着说着，几个孩子就开始忙活了。"老师，这是天空，这是草地，我还做了两只

《小鸡郊游》

小鸡一起出来郊游。""嗯，想法很不错，再装饰得漂亮一点就更好了。"他们又经过一番加工，最后的成果相当完美。

（二）创意纸盘二：《冬日烟花》。

这幅作品《冬日烟花》，原本是我想自己做一个菊花盛开的作品，结果有个孩子跑来问我："老师，你这是做的烟花吗？"看着真的有点像，我索性就改变思路做了这幅作品。有个孩子还临摹了一幅，每一丝烟花的长短、粗细、形态各异，真的很有挑战性呢！

《冬日烟花》

（三）创意纸盘三：彩色小毛球创意制作。

有一盒彩色小毛球放在美工区已经很久了，一直都无人问津。今天我把它端上桌，请孩子们来想一想，它与纸盘又会碰撞出什么样的火花呢？孩子们在你一言我一语中开始创作了。"我要做一个圣诞老人。""我要做一个生日蛋糕，送给我的好朋友。"点子还真不少呢！忙活了好一会儿，终于制作完成了，快来看看我们的作品吧。"我做的水果拼盘，你想吃吗？""我做的彩虹热气球，下面还有两个小朋友呢。"大家都好棒呀，都是创意小能手！

创意制作

《彩虹热气球》和《圣诞老人》

（四）创意纸盘四：《冬梅》。

作品《冬梅》缘于一次偶然的机会，我看到散落在美工区里被剪成半个的盘子，突发奇想：请几个孩子把它们装饰成好看的花盆，还是美丽的青花瓷图案呢？"有了这么好看的花盆，里面该种点什么呢？""现在是冬天，外面那么冷，那我们就种一盆梅花吧！""我们一起做吧。"我也加入他们的行列，在卡纸上画出树枝，然后一起用黏土捏出各种颜色的梅花粘在树枝上。"这样怎么看起来还是空空的呢！我们还能怎么装饰一下呢？""老师，可以装点这个小毛球吗？""我们一起试试吧！"加上这些小毛球，最后效果果然不一样了。另一幅作品是一个孩子独立创作完成的《雪中蜡梅》，也很漂亮吧？

《冬梅》和《雪中蜡梅》

（五）创意纸盘五："表情收纳盒"。

这张图片中的小盘子好可爱呀，你们知道它是干什么用的吗？这是我跟孩子们一起制作的"表情收纳盒"。我在网上看到了这张有趣的图片，就把它给孩子们看了一下，他们看了几眼就自己做出来了。看，女孩们还给它加了漂亮的蝴蝶结发夹，像小公主一样美丽。我们把花边剪和小剪刀分类放进去，既美观又实用，还可以盛放其他小物件，很不错的创意吧？

"表情收纳盒"

（六）创意纸盘六：《哇！比萨》。

《哇！比萨》（羽硕小朋友命名）——看到这幅作品你是不是已经垂涎三尺了呢？这幅作品真的是我意外之喜。区域活动中，两个小姑娘跑过来问我："老师，你喜欢吃什么？"我说："现在有点饿了，好想吃比萨。"就这么简短地交流了两句，过了一会儿，她俩就捧着美味的比萨来了："老师，您点的比萨到了。"哇！这可是我们的"小米其林厨师"为我精心制作的晚餐呀。看，刀叉都已经准备好了，我要抓紧开动啦！

《哇！比萨》

六、主题活动总反思

"纸盘大变身"主题系列活动来源于生活又服务于生活。我们使用的纸盘是幼儿从家中搜集到的废旧材料，经过巧手制作就变成了好看的艺术作品，培养了幼儿变废为宝的意识和能力；在制作过程中，幼儿自由探索有趣的新玩法，发展了幼儿的思维能力。

本次活动的组织极大地调动了幼儿的创作积极性，取得了不错的效果。但由于时间和材料有限，原本设计的许多有趣的活动还没有进一步实施，导致活动的形式较为单一，大多以画为主。由于经验不足，主题活动开展的深度和广度还比较局限，活动本身的新颖性和趣味性还有待提高，活动中幼儿的自主性没有得到最大程度的发挥。之后我们将在美工区提供更加丰富的材料让幼儿探索，引导他们用画、剪、粘、折、拼等多种方式进行大胆创作，也尽可能在开展活动时做到与教材、园本、班本、人本课程相结合，发挥课程最大的教育价值。